MasterLife

塑造主生命

門徒訓練

十架篇

浸

浸

塑造主生命門徒訓練——十架篇

作　　者：韋愛華
　　　　　摩　亞
責任編輯：袁玉麟
執行編輯：梁伍瑞英
編輯及翻譯：李慶餘
美術設計：鍾穎思
出版兼發行：浸信會出版社(國際)有限公司
香港九龍青山道485號九龍廣場18樓
電話：(852) 2336-0161
傳真：(852) 2336-4186
電郵：info@bappress.org
網址：www.bappress.org
印刷：海洋印務有限公司

2002年10月初版
2008年4月初版第五次印刷
編號：ED130
國際書號：978-962-933-221-1

香港印刷

MasterLife: The Disciple's Cross

Authors : Avery T. Willis, Jr. & Kay Moore
Editor-in-charge : Alan Yuen
Managing Editor : Eunice Leung
Editor & Translator : Jonathan Lee
Designer : Banjomen Chung
Published & Distributed by : Chinese Baptist Press (International) Limited
18/F., Kowloon Plaza, 485 Castle Peak Road,
Kowloon, Hong Kong
Tel : (852) 2336-0161
Fax : (852) 2336-4186
e-mail : info@bappress.org
http://www.bappress.org
Printer : Ocean Printing Co., Ltd.
Originally published in English under the title of
MasterLife: The Disciple's Cross ©1996 LifeWay Press
Chinese edition published by permission of LifeWay Press

First Edition : October 2002
First Edition Fifth Printing : April 2008
Code No.: ED130
ISBN : 978-962-933-221-1

Printed in Hong Kong

目錄

作者簡介 4
前言 5
個人登記表 11
與基督結連 12
門徒之約 14
第一週 與主同在 15
第二週 活在主的話語中 51
第三週 信心禱告 89
第四週 信徒相交 123
第五週 向世人作見證 157
第六週 彼此服侍 197
門徒十架 233
放眼世界地圖 240
禱告簿 241
時間分配表 242
門徒生活評估表 243

作者簡介

本書作者**韋愛華牧師**（Avery T. Willis, Jr.）現任美南浸信會聯會國際宣教部海外事工首席副總裁，同時亦為門徒訓練事工推動者。他的第一本《塑造主生命：領袖門徒訓練》（*MasterLife：Discipleship Training for Leaders*）早於1980年便已出版，直至現在，美國已超過二十五萬人使用該書。該書現有五十多個譯本，可供全球不同語言的群體使用。韋牧師還著有：《印尼的復興：為何二百萬人來就基督》（*Indonesian Revival : Why Two Million Came to Christ*）、《宣教的聖經基礎》（*The Biblical Basis of Mission*）、《塑造主生命：倍增領袖》（*Master Builder : Multiplying Leaders*）、《門訓與教義的聖經指引》（*Bible Guide to Discipleship and Doctrine*），以及多本用印尼文字寫成的著作。

韋牧師曾在奧克拉荷馬州與德克薩斯州牧養教會十年，任印尼宣教士十四年，其間擔任印尼浸信會神學院院長六年。他受任目前職位之前，曾擔任前美南浸信會聯會主日學部門徒訓練與家庭發展部門之成人事工主任，極力提倡信徒裝備事工（Lay Institute for Equipping，簡稱LIFE）和一系列的門訓深造課程。

摩亞女士（Kay Moore）為這《塑造主生命》新訂本合著人。她曾任美南浸信會門徒訓練成人事工、及主日學部家庭發展事工課程設計編輯。她帶領整個編輯部製作信徒裝備事工（LIFE）支援系列和聖經基礎課程，幫助人們處理生活中的各樣危機。她集作家、編輯和議會主席於一身，也撰寫或與人合著了不少有關家庭生活、關係及勵志的書籍。摩亞女士也是*Gathering the Missing Pieces in an Adopted Life*的作者，並且常常為基督教雜誌及靈修指引撰文。

前　言

「塑造主生命」是一個持續性的小組訓練課程，目的在於幫助你與基督建立一個持久而順服的關係。《塑造主生命》共分四冊，第一冊為「十架篇」。在「十架篇」中，你將安排接受六項作門徒的屬靈操練，我們希望透過這些操練，令你與耶穌基督建立更深入的關係。本書第二冊為「品格篇」、第三冊為「得勝篇」、第四冊為「使命篇」。通過學習不同的篇章，你將會認定基督為你生命的主，並樂意由祂管理你的生命。

本書能給你甚麼？

《塑造主生命》的宗旨是讓你過門徒的生活 —— 助你更像基督。為了達成這目標，你必須要跟從耶穌，作祂教導門徒作的一切，並帶領更多人成為門徒。盼望以下門徒訓練的定義能成為你生活的指引：

> 「門徒訓練」就是指與耶穌基督建立一個個人的、終生的、順服的關係。在這關係裡，基督會把你的性格變得像祂，會把天國的價值觀成為你的價值觀，以及會把你放進祂的計劃裡，讓你在家庭、教會和世界中履行祂的大使命。

當你根據《塑造主生命》的進度，學習像門徒般跟隨主時，你便會因屬靈生命的成長而感到興奮。以下是屬靈生命成長的表現：

- 你會發現捨棄自己、背起十架來跟從主，是一件令你興奮而富挑戰性的事。你更會以此為你人生的首要任務。

- 你不單會明白與基督結連和住在基督裡的意思，你也會經歷在基督裡的平安、安息與力量。
- 你會經歷到因住在神話語裡而有的得救確據和信心，也會掌握查考和解釋聖經的技巧。聖靈會讓你對神的話和旨意有新的發現。
- 當你學習用信心禱告時，便會體驗到一股由禱告所產生前所未有的新力量。
- 你會與其他信徒建立更深入的相交關係。
- 你會發現，與人分享基督是件喜樂的事 —— 不論是通過生活的見證還是通過你所說的話。
- 你會發現，把自己的精力、時間投資在服侍別人身上時，是一件令你滿足的事。
- 你會察覺基督的生命會自然地在你的生命中形成，基督生命的特點有：
    - 謙卑，滿有僕人的心腸；
    - 倚靠神；
    - 愛人，特別愛基督徒；
    - 對神和自己都充滿信心；
    - 藉著神直接的引導，知道神的同在；
    - 渴望事奉神和服侍人；
    - 關心未得救的人；
    - 有根有基的信仰；
    - 喜樂滿懷；
    - 信心堅定；
    - 讚頌神在教會中的作為；
    - 常與家人在一起；
    - 禱告的靈。

六項主要操練

當你與耶穌基督建立起更深入的關係時，便會在祂的帶領下，樂意接受作門徒的六項屬靈操練，這些操練有：

- 與主同在
- 活在主的話語中
- 信心禱告
- 信徒相交
- 向世人作見證
- 彼此服侍

《塑造主生命》的門訓過程

《塑造主生命》第一冊「十架篇」是二十四個星期門訓課程中的一部分。而在完成全部四冊的《塑造主生命》課程後，你便會擁有作為門徒必須有的資料和經驗。由於整套課程是循序漸進的，所以第一冊是第二冊的基礎和必讀本，第二冊是第三冊的基礎和必讀本，第三冊又是第四冊的基礎和必讀本。

「塑造主生命」這課程包括了六項要素，每項要素對於學習本課程都是必要的。下面的椅子正好說明這情況：

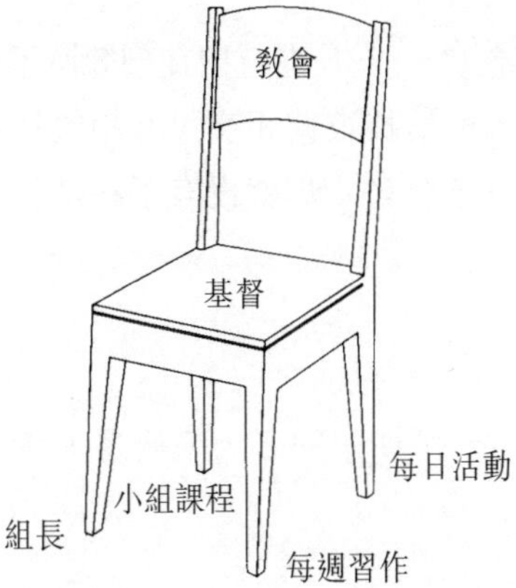

1. 本書的「每日活動」讓你可與基督緊密地同行，正是這緣故，我們必須每天完成有關的習作。

2. 「本週與主同行」中的習作都取材自現實生活的事例，這些習作能助你把生命的方向改變過來。

3. 組長的角色非常重要，他是能否成功學習本課程的一個重要因素。因為門徒訓練講求關係的互動，而不是個人的研習，因此，你必須有其他人給你的示範、指導和責任，這樣你才能成為合乎主心意的門徒，這也是耶穌吩咐使徒要使萬民作祂門徒的原因（見太28：19-20）。其實，我們每個人都需要一個跟從耶穌多年的前輩為督導，因此，組長的地位便非常重要，因為我們若要成為好門徒，就必須要有一位可與我們建立個人關係和負責任的組長。換言之，組長是一位能教導我們，為我們樹立榜樣，並負起牧養我們責任的屬靈長輩。

4. 每週的「小組課程」都是溫習《塑造主生命》課程中概念與經驗的機會，也能幫助你把所學應用到日常生活中。「小組課程」亦能讓你經歷到基督在你生命深處作出的改變。每個「小組課程」都能在你進入另一層次的屬靈生命前，給你最適切的訓練。

5. 基督是訓練者，祂會訓練你成為祂的門徒。當你完全倚靠祂，祂就會使用每一個要素來幫助你，讓你能早日成為祂的門徒。

6. 基督的身體——教會——是進行門徒訓練時不可或缺的條件，因你必須與教會內的信徒彼此相交，互相扶持和服侍，才能完成有關習作。沒有了教會，你就沒有了在基督裡成長的支持。

如何研讀本書？

本課程要求你用一星期中的五天來研習，在這每星期五天的課程中，你不單要完成有關的練習，也要進行不同的活動。而你每天只需抽出二十至三十分鐘，甚或更少的時間，便能把這些練習與活動完成。我們刻意把課程分為五天，好讓你有更多時間把所學的真理應用到日常生活中去。

還有，你也會發現，在不同習作之前會有不同的門訓標誌：

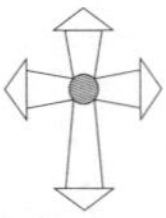
與主同在

活在主的話語中

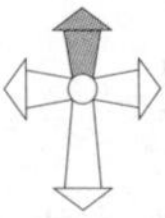
信心禱告

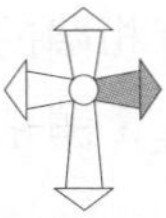
信徒相交

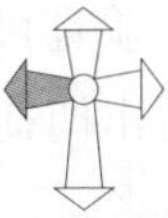
向世人作見證

彼此服侍

這些標誌把六項作門徒的操練與相關的活動連繫起來。這些活動都是習作的一部分，並已在每星期開始時的「本週與主同行」內列明。此外，這些標誌也有把每週的習作和每天的活動區分出來的作用。

在學習時，宜選一個固定時間和一個安靜、不受打擾的地方，最好也能帶備聖經，以便查考經文。背誦經文是學習的主要部分，所以你每週都必須預留時間來背誦金句。除非作者特別強調，否則，本書所採用的經文都是引自「現代標點和合本」（浸信會出版社）的。當然，你也可以選擇你喜歡的其他版本來背誦。我們建議你把要背誦的金句寫在小卡片上，方便隨時溫習。

每當完成一天的習作後，我們都會翻到每星期開始時的「本週與主同行」。當你完成了「本週與主同行」的活動後，請於該活動前的◇符號內畫一直線。在隨後的小組討論中，另一位組員將會核對你的習作，並在◇符號內畫一橫線，如此，每個◇符號內便都會有一個十字架（◇⏀⊕）。這個過程能確保你在進入下一個課題前，已把本星期的所有習作完成。完成習作的速度可完全由你自己來控制，但必須在下一次的小組開始前完成。

門徒十架

你會在本書的第239頁找到「門徒十架」圖，它解釋了本書的中心：作門徒的六項操練。每星期，你都會學習門徒十架的不同部分，以及有關的經文。因此，在完成這課程後，你不單能夠用自己的話來解釋門徒十架圖，並且可以背誦所有相關的經文。當然，最重要的還是，你能夠活出門徒十架的意義，讓別人能從你的行為，知道你是基督的跟隨者。

個人登記表

在第一課時，你將有認識「塑造主生命」小組其他成員的機會，並與他們分享你對以下問題的看法。你只須簡單地寫下你的感受，然後以每題不多於一分鐘的時間與他們分享。

1. 為甚麼我是我？

   對我價值觀影響最大的人和事是甚麼？

2. 是甚麼原因促使我參加「塑造主生命」門訓小組？

   我想在小組中扮演怎樣的角色？

3. 阻礙我完成這課程的最大軟弱或困難是甚麼？

與基督結連

下列經文能讓你明白何謂連於基督，從而讓你願意立志過住在主裡的生活。請讀約翰福音15：1-17的經文，然後回答下列問題。之後，你需要與一位組員分享下面第一部分的內容，然後與另外三位組員分享第二部分的內容，最後與全組人分享第三部分的內容。

第一部分

我從約翰福音 15：1-7 找到（請選擇其中一項）：

☐ 挑戰　☐ 迷惑　☐ 安慰

☑ 懼怕　☐ 更新　☐ 禁止

☐ 其他 ____________________

假設當你在讀約翰福音15：1-17之際，耶穌直接對你說話。祂會說（試選出你認為耶穌會對你說的話）：

☐ 「我愛你。」(9 節)

☐ 「我稱你為朋友。」(15 節)

☑ 「我揀選了你。」(16 節上)

☐ 「我分派你去結果子。」(16 節下)

☐ 「我對你說了，是要叫你有滿足的喜樂。」(11 節)

你聽見耶穌對你說了寶貴的話後，你有何感想？(請選擇一項)

☐ 讚美主！

☐ 主，這些話對我並沒有價值。

☐ 我是何等不配。

☐ 真奇妙！願祢的話成全。

☑ 祢話語的目的何在？

第二部分

耶穌說，我若常在祂的愛裡，就必遵守祂的命令，這使我有以下的想法（請選擇其中一項）：

☐ 祂試圖哄我聽從祂；

☑ 祂分享了祂在天父愛裡的秘訣；

☐ 祂要求太多了；

☐ 祂不愛我；

☐ 祂把我看作朋友；

☐ 遵守祂的命令是表達我愛祂的最佳方法。

我讀到基督派我去結果子，叫我的果子常存的經文時，我覺得（請選擇兩個答案）——

☐ 感謝　☑ 不能勝任　☐ 極高興　☐ 大得力量

☐ 失敗　☐ 信心十足　☐ 大發熱心　☐ 不感興趣

第三部分

若要常在基督裡，我必須：

多讀聖經、勤作見証、多付出愛與
關懷身边的朋友

為回應耶穌透過約15：1-17對我的教導，我要在下星期專心學習活在基督裡的功課，例如：

每天抽空讀聖經、對太太多些愛心
及 patient

門徒之約

在參加「塑造主生命」門徒訓練小組後，我便必須向神和小組盡忠，並立志遵從以下的事項。雖然我現在仍未能做到下面的每一項要求，但在簽名立約後，我便會在今後努力學習，把它們逐步實踐出來。

作為耶穌基督的門徒，我立志：

- 認耶穌基督為我每天生活的主；
- 出席全部小組課程，不隨便缺席；
- 每天花 20-30 分鐘來完成所有習作；
- 每日讀經靈修；
- 保持每日與主相交，讓神對我說話，我也對神說話；
- 殷勤聚會，作神忠心的管家；
- 愛護和鼓勵每一位組員；
- 與別人分享信仰；
- 在小組中分享出來的事，都是我和組員們的秘密，不容洩漏；
- 對人恭謹，願意承擔責任；
- 只要神給予機會，我願意訓練別人成為基督的門徒；
- 履行聖經對奉獻的教導，支持教會的財政；
- 天天為組員禱告。

見證人簽署：

________________　________________

________________　________________

________________　________________

________________　________________

立約人 ________________ 日期 ________________

第一週

與主同在

本週目標

評估門徒訓練的進度，以及學習讓主在生命中居首位。

本週與主同行

你將會通過下列活動來進行作門徒的六項屬靈操練。每當你完成一項活動時，請在有關句子旁的◇符號內畫一直線。

與主同在

◇ 計劃每天撥出靈修的時間，並開始有規律的每天靈修。

活在主的話語中

◇ 每天讀聖經，寫下神對你說的話和你對神說的話。

◇ 背誦約翰福音 15：5。

◇ 溫習曾在簡介小組環節中背誦過的經文（路 9：23）。

信心禱告

◇ 在本週內，嘗試為「塑造主生命」小組中的每位成員禱告至少兩次。

◇ 找一位每星期都可和你一起祈禱的禱告夥伴。

◇ 嘗試運用「放眼世界地圖」的材料，為世界上不同的人禱告。

信徒相交

◇ 與組員建立更深厚的關係。

向世人作見證

◇ 示範如何讓人得知你是基督徒。

彼此服侍

◇ 解釋「門徒十架」的要旨。

本週金句

「我是葡萄樹，你們是枝子。常在我裡面的，我也常在他裡面，這人就多結果子；因為離了我，你們就不能作甚麼。」(約 15：5)

第1天 首要任務

當我考進大學時，我已作了多年的基督徒。教會的要求，我差不多都做到了：十一奉獻，每星期到教會五次，間中探訪和邀請未信者，並且每天讀經。進入大學的寄宿生活以後，由於離開了家庭和教會的引導，我得面對真正的自己。我知道雖然我以基督為救主，但基督卻不一定以我為門徒，於是我問自己，*我是一個全然獻上的門徒嗎？*很多個晚上，我都在校園附近的草地徘徊，一邊走一邊向神說話，一直深深思索著我是否一個認真的基督徒？

後來，我開始查考聖經，看看成為門徒的意思是甚麼。聖經告訴我，基督的門徒就是一個以基督作為生命之主的人。路加福音9：23說：「**耶穌又對眾人說：『若有人要跟從我，就當捨己，天天背起他的十字架來跟從我。』**」

我深知自己若不能成為一位真正的門徒，在餘生中就只是一位平庸的信徒。和其他走在信仰十字路口的人一樣，我開始替自己找藉口，告訴神說，在事奉上我一直是個失敗者，因此我不能作祂要求我作的工。當然，最重要的是，我不能肯定祂是否願意接納像我這樣的人為門徒啊！

神用歷代志下16：9來回應我的藉口，聖經說：「**耶和華的眼目遍察全地，要顯大能幫助向祂心存誠實的人。你這事行得愚昧；此後，你必有爭戰的事。**」我還記得佈道家慕迪（D. L. Moody）當聽到他的朋友華里（Henry Varley）說：「我真想知道究竟一個人把自己完全獻給神時，神會對他做甚麼？」後，便即時回應道：

「我將是那個人！」若世上真有一個人把自己全然獻給神，這個人必定是慕迪了。雖然慕迪的教育程度只達小學三年級，但他卻能帶領成千上萬的英國人和美國人信主。而我對主的回應則是：「*主，這正是我所渴求的，我願意將自己奉獻給祢*，祢若要在我的生命上作工，求祢讓世人知道，這是祢的作為，而不是我的力量。」

雖然在這樣的立志之後，我也會有偏離主道的時候，但由於我對神作過承諾，所以聖靈總在我不順服之時提醒我，叫我能夠立刻在神面前悔改，祈求祂的寬恕，並校正我的心思和意念。

我就是這樣立志成為基督真正的門徒，與祂建立一生的、順服的關係。開始時，我會說：「我要順服主，作主要我作的工，並學習倚靠祂，好讓祂使用我來成就祂要我成就的。」隨後一年，獻身與神便成為我人生的目標。在那時開始，神就向我揭示祂自己，並教導我如何與祂同行。回想過去，我可以說，我生命中所完成的任何事，都是神在作工啊！

這個課程可助你再次評估自己與神的關係，以及由這關係而來的身分。本課程不單助你評估自己是否一個合格的門徒，也助你學習如何能緊緊地跟隨主。在「塑造主生命」這課程中，我會繼續與你們分享基督如何不斷的給我指引，以及作門徒的意義。我希望，在向你們分享過基督如何助我踏上由學生到牧師，再由牧師到宣教士的宣教之路，以及其他人的見證後，你們便能掌握活出基督和讓基督掌權的真義，明白活在基督裡是怎麼一回事。

何謂門徒？

我們將以「誰是門徒」和「門徒作甚麼」為研習本課題的開始。在新約聖經中，「門徒」這詞有三種不同的用法：第一，用於一般的敘述，指老師或團體的忠心追隨者。

■ **請讀馬可福音2：18**「當下，約翰的門徒和法利賽人禁食。他們來問耶穌說：『約翰的門徒和法利賽人的門徒禁食，祢的門徒倒不禁食，這是為甚麼呢？』」

這節經文提及三批有門徒跟隨的團體或人物，他們是誰？

1. 約翰 2. 法利賽人 3. 耶穌

這些有門徒跟隨的團體或人物分別是約翰、法利賽人和耶穌，而這些門徒都是全心全意跟隨他們的老師或團體的。

第二，新約聖經用「門徒」一詞來指稱耶穌所呼召的十二位使徒。馬可福音3：14清楚說明耶穌呼召他們的原因：「祂就設立了十二個人，要他們常和自己同在，也要差他們去傳道。」

■ **試在馬可福音3：14中，找出耶穌呼召這批門徒的兩個原因，並在有關字詞下畫一橫線。**

你很可能畫下「要他們常和自己同在」及「要差他們去傳道」這兩句說話。

耶穌也用「門徒」一詞來稱呼符合祂要求的跟從者，祂曾說，祂的門徒必須要放下家庭、財物和一切攔阻他們跟從祂的東西。

■ **請讀以下經文：**「人到我這裡來，若不愛我勝過愛自己的父母、妻子、兒女、弟兄、姊妹，和自己的性命，就不能作我的門徒。凡不背著自己十字架跟從我的，也不能作我的門徒。」（路14：26-27），**然後用自己的話，寫下耶穌怎樣回應要跟從祂的人。**

放下自己在地上與自身有關係的人仕，只專一愛耶穌你可能會寫下：主首先提出作門徒的要求，好讓那些不全心全意跟隨祂的人知難而退。我們曾在簡介小組背誦過的經文：路加福音9：23，也同樣提及這有關的要求。

請在下面的空白處，寫下路加福音9：23這經文一至三次。

若有人要跟從我，就當捨己，天天背起他的十字架來跟從我。

若有人要跟從我，就當捨己，天天背起他的十字架來跟從我。

若有人要跟從我，就當捨己，天天背起他的十字架來跟從我。

相信你們已明白「門徒」這詞的三個意思：

1. 泛指對老師或團體的忠心追隨者，
2. 耶穌呼召的十二使徒中的一個，
3. 符合耶穌要求的跟隨者。

應用門徒十架

*學習本課程重心——「門徒十架」，你能了解更多耶穌對門徒的心意。*你可以在第239頁一覽門徒十架圖，並在第233-239頁看到對此圖的解說。當你完全掌握門徒十架圖時，你便可隨意運用它，應付不同的需要。你可以用它來檢討自己的進度，可以用它來作見證，也可以用它來檢視教會的屬靈情況。現時已有不少教會採用「門徒十架」來作為它們統籌事工的基礎。

當你一直研習這本書時，不久便能對「門徒十架」的不同部分有所認識。每星期，你都會循序漸進地學習「門徒十架」的不同部分；相信在本課程完結時，你不單能夠用自己的話來解釋「門徒十架」的意義，並且能夠背誦所有相關的經文。

開始學習「門徒十架」時，先在下面空白處畫一個圓圈，這個圓圈正是你的代表。然後在這圓圈的中央，寫上「基督」二字。這圓圈能讓你明白，基督才是你整個人生的中心點。

你剛才所畫的圓圈代表你的人生，它象徵著你為基督捨棄了自己。換言之，雖然你仍是你，但你已不再為自己而活。人若不捨己，就不能作基督的門徒。基督必須在你生命中居首位。

基督居首

本書作者之一摩亞（Kay Moore）與她丈夫路易士（Louis）結婚時，他們告訴證婚的牧師，希望有一個切合他們需要的婚禮。該牧師知道他們都非常重視自己的工作，所以他期望他們能在婚後重整人生的優先次序。於是他便在婚禮中，訓勉他們說：「在你們的婚姻中，要把基督放在首位，其次是配偶，第三是兒女，第四才是工作。」

若有人為你人生的優先次序作出類似的勸勉，你人生的優先次序會有甚麼改變？你會把基督置於你生命中的甚麼位置？對於某些人來說，人生的首要事項是運動；對於另一些人來說，人生的首要事項是對物質的追求；而對另外一些人來說，人生的首要事項是宗教活動。或許你會問：參加宗教活動不就是把基督放在人生首位的表現嗎？我的答案是：不一定！因為好些人都只顧參加教會的活動，但卻忘記了活動背後的意義。這些人只想別人稱讚他們的好行為，又或滿足自己追求成功的慾望而參與教會活動，以至與神日益疏離。

■ **請列出你人生中最重要的三件事情：**

1. 家庭成員的身體健康
2. 每人每天的生命都過得有意義
3. 家庭成員的關係更加密切

若你不能把基督置於人生的首位，你便不能成為祂的門徒。現在請禱告，求神助你除去一切令祂不能在你生命中居首位的障礙吧！此外，你認為自己需要作甚麼，才能讓祂在你生命中居首位呢？你又將會用甚麼行動，來除去攔阻基督在你生命中居首位的障礙呢？試把其中一個行動列出來。

現在開始學習每天讀經吧！今天要讀的經文是馬太福音6：25-34，這段經文也是有關人生優先次序的。讀畢後，請完成下頁的「每日與主相交」。

神向我說甚麼：

不要為明天的生活憂慮，只要先求祂的國和義，我們每天的供應，天父都會賜給我們

我向神說甚麼：

神啊，這些我們的腦袋都太難明白，求你讓我明白如何先求你的國和義

第2天 在基督主權下

繁忙的生活很可能令你為人生的優先次序而苦惱。因為你的家庭、工作及其他責任已佔去了你大部分的時間；你也很可能認為上一代的人因為生活較簡樸，所以他們較容易把目光投在基督身上，以至能符合基督對他們的要求。

這若是真的話，那為甚麼耶穌要在二千多年前便提醒門徒，他們要對祂絕對的忠心？主更在路加福音14：26-33中指出，*祂的門徒愛祂的程度必須比任何人、財物和物質更深。*

■ **請細閱下列經文，圈出有關基督比人生一切事情更為重要的教導，然後再畫一條直線，把下列三項與相關的經文連起來。我已經把第一條線畫了出來。**

人物
物質
人生目的

「人到我這裡來，若不愛我勝過愛自己的父母、妻子、兒女、弟兄、姊妹，和自己的性命，就不能作我的門徒。凡不背著自己十字架跟從我的，也不能作我的門徒。……這樣，你們無論甚麼人，若不撇下一切所有的，就不能作我的門徒。」(路 14：26-33)

明顯地，以上的事項早在耶穌時代已為人們所關心，何況今天呢？剛才練習的答案是：物質——「你們無論甚麼人，若不撇下一切所有的，就不能作我的門徒」。人生目的——「凡不背著自己十字架跟從我的，也不能作我的門徒」。作門徒的最終目的便是背起十字架來榮耀神，而表明自己背負十架的最佳方法，就是甘願把代價極重的天國事工承擔起來。

門徒的優先次序

主的門徒與我們一樣，需要不斷的學習，才懂得以基督為生命的主。這些門徒常把個人的需要及欲求置於基督之上，其中兩位門徒在客西馬尼園中，寧可睡覺也不儆醒等候主；他們又經常爭論將來在天國裡，誰才是最大的；當主被捉拿時，他們竟四散而去，其中更有一位門徒否認與主是相識的。以上情況中，你認為門徒最看重的是誰？

然而，主從不放棄他們，而且在祂死亡和復活後，門徒的生命也起了重大的變化。使徒行傳 4：18-37 說明了他們對主的愛，已超越了對任何人物，物質和人生目的。耶穌從來沒有中斷改造他們生命的機會，亦因耶穌的不放棄，他們的生命才能更像主基督。因此，無論你處身哪個階段，你也可以像這些門徒一樣的成長！

請繼續每日讀經，今天請讀徒 4：18-37，並求神對你說話，然後再完成下列的「每日與主相交」。求神教導你懂得如何回應祂對你所說的話，最後再在「我向神說甚麼」中，寫下你禱告的大要。

神向我説甚麼：

____

____

____

____

我向神説甚麼：

____

____

____

____

剛才你所讀的經文說明了門徒對主的愛，比任何人物、事物和人生目的都要多。

■ **你對主的愛是否與門徒的一樣多？嘗試把這節經文應用在你的生活中，並列出現時在你生命中比主更重要的人或事物。**

人物：______________________________________

物質：______________________________________

人生目的：__________________________________

當你在第一天學習繪畫「門徒十架」的時候，你已知道基督在你生命中應享有最崇高的地位，當你將心交給祂時，祂便在你的生命中作王掌權。若要與主建立一生的、順服的關係，你必須讓基督在你生命中居首位。

以基督為中心

藍迪（Randy）因自己在教會中有極多的事奉而感到驕傲。每個週六，他都會為主日崇拜安排椅子；他是執事會的主席，也是主日學的老師，並且參與所有與年青人有關的事奉。正因他的事奉繁多，所以他在一星期中，至少有四個晚上留在教會中。藍迪想，如果他在教會中不停的事奉，別人就會對他加以讚賞。每當別人稱讚他，認為他在教會的事奉是蒙悦納時，他便會自鳴得意。不久之後，藍迪忘記了事奉的真正原因，反而以別人的稱讚為事奉的動力。藍迪以為事奉多便是順服的表現，其實，因他錯誤的優先次序，只能令基督居於他生命中的次要位置。

■ **若果藍迪要畫一個代表他生命的圓圈，你認為在圓圈中的會是誰？**

自己

■ **藍迪事奉的動機是甚麼？**

別人對他的讚賞

藍迪對基督的順服是表面的，事奉的目的也是為自己的。藍迪事奉的目的是要獲得他人的讚賞，而不是為主的名而服侍人。因此，在藍迪圓圈中的主角就是他自己，而不是主。發現自己並沒有讓基督在生命中居首位，反而以自己為生命的主，可說是一件令人震驚的事。然而，在檢視基督是否在自己生命中居首位時，你必須誠實地面對主和面對自己。

■ 現在請禱告吧！求神向你指明，在事奉中，有甚麼人物、物質或目的是比基督更重要的動力？

■ 何人、何事是你的動力？

■ 若你在基督以外，還寫下了其他的人或物，現在就請你立即禱告，求主赦免你的不潔。你今後會採取甚麼行動，來讓基督在你生命中掌權？試寫出來。

若要成為基督的門徒，你必須把自己的生命交給祂來掌管。「塑造主生命」門訓將會幫助你達成這目標。

為每位「塑造主生命」小組成員提名禱告，「門徒之約」（第14頁）可助你記起組員的姓名。

第3天 連於葡萄樹

你也許會想，到現時為止，我十分渴望以基督為生命的主，也十分渴想調整自己生命中的優先次序，把一切攔阻基督居首的人物、物質、人生目的都置於次要的位置。可是，我對基督的注意力總受到干擾；繁忙的工作也往往令我把基督拋諸腦後；甚至到了極度困擾時，才想起求告祂。我如何能夠讓基督在我生命中居首位，叫我可以在第一時間想起祂？我又怎樣才能與主建立個人的、終生的、順服的關係？

住在基督裡

作主門徒的秘訣，乃是把自己生命的主權交上。當你真心認耶穌為生命的主時，祂的靈就充充滿滿的住在你裡面，並為你提供一切所需，使你能夠活得像祂和作成祂的工。

請讀本週金句 —— 約翰福音15：5。嘗試背誦這節經文，並完成下列句子：

若基督沒有住在你裡面，你也沒有住在祂裡面，你便 __________ 來結果子。

你可以嘗試自己去結果子；也可以嘗試其他的方法，又或採用世界的方法去結果子；你也可以透過行善來滿足你的自我和取悅他人。然而，勝利最後還是屬於主的。若沒有主，你便不能靠任何行為來結果子啊！

■ **耶穌說，當祂住在你裡面，你又住在祂裡面時，你的生命便會具有以下三種特徵。試細閱下列經文：路加福音6：46；約翰福音15：8，13：34-35，並把耶穌所說的特徵填在相關的空格上。**

a	1 路 6：46	a 順服
c	2 約 15：8	b 愛心
b	3 約 13：34-35	c 果子

當主住在你裡面，你也住在祂裡面時，你身邊的人便會發現你對主的順服、對人的愛心和滿有聖靈的果子。（以上問題的答案是：1-a；2-c；3-b。）你可以按這三種果子出現的次序來記憶它們：有了愛心，才能順服；懂得順服，才能結果子。

■ **試在下圖中，按次序填上愛心、順服和果子。**

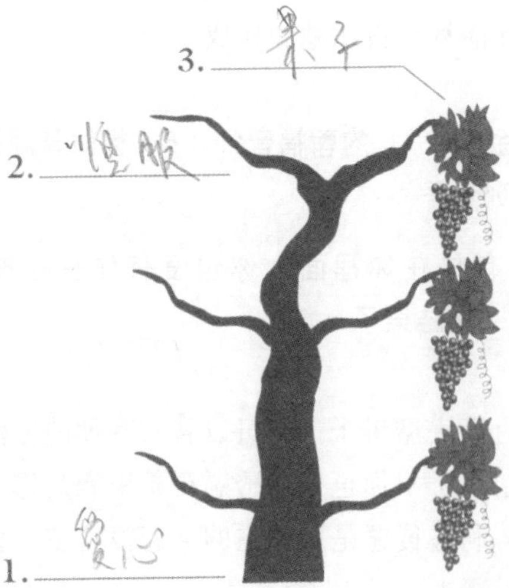

活在基督裡

你認為如何才能像本週金句所說，與葡萄樹連結在一起呢？如何才能讓主耶穌成為你生命的中心呢？其實，方法很簡單，只要你每天抽出一點時間來靈修，這樣，你便能與天父同行，並且連於葡萄樹上。靈修時，務必要拋開一切令你分心的事物，好讓你能把這段時間完全獻給神。若你還沒有穩定的靈修，現在立即開始為自己訂立一個靈修的時間吧！務必讓自己能規律地和恒常地與神在一起。

最能幫助你在靈性上有長進的事，就是靈修和背誦經文了，「門徒訓練」乃是在這基礎上所設計而成的。所以，我們希望你每天都有15至20分鐘的靈修時間，因為我們必須與我們生命的主常常相交。

以下是建立靈修時間的指引，請一面閱讀，一面寫下你的決定。也請你嘗試向其他人解釋靈修的重要。

如何建立靈修時間

1. 讓靈修成為你每天最重要的事。

   - 在你的時間表內選出一段與神相交的時間。通常早上是最理想的時間，但你也可根據個人需要，選擇其他時間。

   ■ **我的靈修時間將會是每天的**＿晚餐後＿**。**

2. 在前一晚便作好準備。

   - 若你的靈修時間在早上，請先調較鬧鐘。若你早上起來後未能立即集中精神，可計劃在靈修之前，先做點運動、沐浴、穿衣或吃早餐等事。

- 選擇一個你可以獨處的地方，並在那地方預先準備聖經、筆記薄、文具等，這樣，你便無須在早上多花時間了。

■ **我的靈修地方將會是** 自己的睡房 **。**

3. 著重讀經與禱告的靈修方法。

- 在靈修時，求神帶領你。
- 雖然本課程每天也會建議你讀不同的經文，但你也可參考其他有系統的讀經計劃，譬如《天糧》(百年社慶紀念版)《天賜糧源》、《在地若天》、《每日讀經釋義》等，都甚具參考價值。
- 寫下神透過聖經向你所說的話。(可用「每日與主相交」)

今天請讀路加福音 10：38-42，並在「每日與主相交」中寫下你的回應。

神向我說甚麼：

要專心一致在靈修的時候

___

___

我向神說甚麼：

___

___

___

- 讀畢經文後，請以禱告回應。
- 禱告可有不同的元素，如ACTS這個英文字便代表了：敬拜（Adoration）、認罪（Confession）、感謝（Thanksgiving）、祈求（Supplication）。

■ **試寫出禱告的元素：**

A（敬）______________________________

C（認）______________________________

T（感）______________________________

S（祈）______________________________

4. *堅持到底，直至養成靈修的習慣。*

   - 每天靈修的時間不管長或短，總比不定時的靈修來得重要。寧可每天用一點兒時間來靈修，也不要每兩、三天才用較多的時間來靈修。
   - 作出被騷擾的準備。撒但會用盡一切方法來阻止你與神在一起，因為那管是最微小的信徒，只要他願意跪在神的面前，都足以令撒但害怕。因此，我們必須預先作出被打擾的準備，這樣才不會被撒但有機可乘。

■ **你在本週哪天有靈修？**

□週一　□週二　□週三　□週四

□週五　□週六　□主日

5. *靈修時，注意力應集中在主的身上*，而不是靈修習慣的本身。我們若與自己最欽佩的人會面時，都必定不會讓任何事情阻礙我們赴約的，更何況與我們相約的是神呢？神創造我們時，已把能與祂相交的能力賜給我們，而祂救贖我們，便是要把我們帶進這種相交之中。

應用「門徒十架」

現在讓我們把焦點集中在「門徒十架」上。在基督裡的生命，就是讓基督活在我們裡面的生命，約翰福音15：5說：「我是葡萄樹，你們是枝子。常在我裡面的，我也常在祂裡面，這人就多結果子；因為離了我，你們就不能作甚麼。」若我們不在基督裡，我們還能作甚麼呢？甚麼也不能！

在下面空白的地方畫一個圓圈，然後在圓圈的中心寫上「基督」二字。在「基督」二字下面寫上本週需要背誦的金句——約15：5。如此，你便能把門徒訓練的中心思想記下。

基督

我是葡萄樹，你們是枝子。常在我裡面的，我也常在祂裡面。這人就多結果子，因為離了我，你們便不能作甚麼。

耶穌説，我是葡萄樹，你們是枝子。正如枝子是葡萄樹的一部分，我們也是基督的一部分。耶穌要通過我們，把祂的生命彰顯出來。

■ **這樣的生活是我們所希望的嗎？ ☐ 是　☐ 否**

■ **你會採取甚麼行動，讓基督在你裡面活著？**

____

____

你或許會這樣回答：我會停止深夜看電視的習慣，好爭取睡前的靈修時間；或令自己第二天可以早點起床，爭取早上的靈修時間。你也可能回答説：我會放棄某些壞習慣，好見證有基督內住的生命的寶貴。無論你的答案是甚麼，請記得主在約翰福音15：5的教導：「我是葡萄樹，你們是枝子。常在我裡面的，我也常在祂裡面，這人就多結果子；因為離了我，你們就不能作甚麼。」它不是説，你能倚靠自己作甚麼；而是説，沒有了主，你甚麼都不能作。

■ **請你停下來禱告，求神幫助你除去一切攔阻你親近祂的東西。**

請繼續背誦本週金句——約翰福音15：5，背熟後，請高聲朗讀一至三遍。

背誦金句是「塑造主生命」課程的極重要部分，因為這些經文能隨時給你力量和幫助你抵擋試探，所以*背誦金句，是在把自己生命轉變為基督生命的過程中不可或缺的工具。*

你能藉著禱告與基督聯合。若你還沒有禱告夥伴的話，現在趕快去找一個吧！這個夥伴最好是「塑造主生命」小組以外的人。你要每週與這夥伴一起禱告，你們可以相約一起禱告，也可以透過電話來禱告。現在請在下面的空白處，寫下數位可能成為你禱告夥伴者的姓名，明天請你寫下你最後邀請到的人的名字。

請提名為「塑造主生命」小組的成員逐一禱告，「門徒之約」可助你記起組員的姓名。

第4天 學習順服

我作牧師時，曾在教會內遇上一對與我意見不合的夫婦，他們直接向我表明了不滿。我雖努力嘗試跟他們和解，但始終不能成功。最後，我只得向他們說：「我真的想當你們的牧師，但因我視世上的一切都不及我與神的關係重要，也因我要與神保持這種關係，所以我不會採取任何方式與你們衝突。但最重要的還是，不管你們如何看我，我仍然愛你們到底。」

■ **你認為我可以採取甚麼不榮耀神或不順服主的回應或行動？試列出來。**

____

____

我可能會作出幾個不能榮耀主的回應，包括憤怒地與這對夫婦衝突，對別人說他們的不是，又或向他們施壓，叫他們離開教會。

雖然我很可能會受引誘去做以上的事，但感謝主，我最後還是連於葡萄樹上，並以與基督保持關係為我人生的指引。那對夫婦雖然不喜歡我，但卻沒有離開教會。後來，他們的女兒也信了主，並在教會中受了浸。對主的順服並與祂保持正常的關係，正是我在這事上能結出果子的原因。

*當你有了基督的生命，並把自己的生命完全的交付給祂時，便自然能與祂建立一生的、順服的關係。*當你順服祂時，你便會渴望與主保持葡萄樹與枝子的關係，並樂意遵行祂的道，而遵行祂的道，你就能結果更多。

■ 現在停下來，重溫剛才所學有關順服的真理。

■ 作主門徒的要訣，便是順從基督的 ＿＿＿＿＿ 。

■ 試翻閱下列經文，然後把這些經文與順服基督的好處配對起來。

＿＿＿ 1. 約 15：10　　a. 你能顯出自己是主的門徒。

＿＿＿ 2. 約 14：21　　b. 你有福了。

＿＿＿ 3. 約 13：34-35　　c. 天父愛你，並向你顯現。

＿＿＿ 4. 約 13：17　　d. 你常在祂的愛裡。

順服基督的命令就是作主門徒的秘訣。當你順服主的命令時，你便會在祂的愛裡得益處（1-d），天父也要向你顯現（2-c），而你也能因此顯出自己是主的門徒（3-a），並成為一個有福的人（4-b）。基督並不想你單單為了獲得好處而順從祂，祂希望你順服祂，因為這樣，你才有資格加入祂大使命的行列。

順服基督的命令

你也許這樣想：好吧！以上的話都很吸引，因此，我願意順服主的命令，好讓我能擁有以上所說的益處。當然，我也希望加入大使命的行列中，然而，我要怎樣行呢？我該作甚麼，才能開始過順服祂的生活呢？*順服基督命令的兩個先決條件是：明白基督的命令和遵行基督的命令。*你明白基督的命令嗎？你又是否正在遵行基督的命令呢？

■ 請細閱下列經文，並用自己的話，寫出基督要你加倍留意的事情。

1. 太5：19-20 ＿＿＿＿＿＿＿＿＿＿＿＿＿＿＿＿

2. 太7：21，24-27 ____________________

3. 太28：19-20 ____________________

4. 雅1：22 ____________________

聖經清楚說明耶穌要我們加倍留意的事情。你可能會有以下的答案：1. 遵行祂的命令，並把這些命令教導別人。2. 遵行祂的旨意，並實踐祂的教導。3. 留意祂所有的命令。4. 照祂的話而行。

■ **試寫出一項行動，是你準備用來認識和遵行主的命令的，好使自己能完全順服主。**

____

____

____

你可能如此回答：1. 我要每天讀經，好叫自己能明白聖經的指引。2. 我要每天騰出一段安靜的時間，好讓我能聽到神透過聖經向我說的話。3. 當我讀到基督的吩咐時，或受聖靈的催促，要服從一個命令或遵行某節經文的教導時，我會立即回應。

請繼續背誦約翰福音15：5，並高聲地向另一位組員誦讀這經節。誦讀經文之後，嘗試進一步了解該位組員，並在了解的過程中，嘗試以自己的話說明順服與作門徒的關係。

你選擇了禱告夥伴沒有？請寫下他的名字： ____________

採取行動

你曾否聽過別人說：「行動比說話更實際」？其實，這句格言也可應用在基督徒的生活上。你也許知道甚麼事是正確的和應做的，但若只有知識而沒有行動，又有甚麼益處呢？若你對聖經非常熟悉，但生活方式卻仍是與得救之前一樣，那你的知識便對你毫無益處。*若你要表明自己是愛主的，就必須順服、忠於和遵行祂的命令。*

■ **請禱告，求神幫助你實行剛才寫下的行動，好讓你能更順服神。**

■ **請選擇下列一項或以上你準備做或願意做的行動。**

- ☐ 讓基督在你生命中居首位。
- ☐ 順服主的命令，並樂意跟隨祂。
- ☐ 連於基督，好使自己擁有基督的生命和聖靈的果子。

假設你在一個會因信主而被判入獄的國家中，你認為法庭裡的人能否證明你是個基督徒？試根據上面的三項選擇，舉出他們能在你身上見到的證據。

____

____

____

____

要讓人知道你是基督徒的其中一個方法，就是遵行主道。此外，馬太福音28：19-20記載了一個多結果子，並讓世人認出我們是主門徒的最佳方法。經文說：「所以你們要去，使萬民作我的門徒，奉父、子、聖靈的名，給他們施浸。凡我所吩咐你們的，都教訓他們遵守，我就常與你們同在，直到世界的末了。」若你能遵從主的命令，便能看見這世界的需要，並因此而為這世界天天禱告。

當你在收聽新聞，閱讀報紙、雜誌或基督教刊物時，請留心世界上有需要的地方，並從放眼世界地圖(第240頁)或地球儀中找出它們的所在，然後為這些事禱告。此後，每當你發現其他人的需要和他們對神的渴求後，請立即為他們禱告，並以此作為與神持續溝通的方法。

請繼續每天靈修。靈修時，請讀馬太福音26：47-56。這段經文描述了耶穌對神是如何的甘心順服。讀畢經文後，請完成下面的「每日與主相交」。

神向我說甚麼：

____

____

____

____

我向神說甚麼：

____

____

____

____

第5天 順服的挑戰

1977年時，我因述職的緣故，便從印尼的工場回到美國去。當時，我參加過不少教會的聚會，但這些教會都給我冷漠的感覺，而且他們的敬拜與事工都毫無活力。可是，我的宗派卻偏偏在這時承諾，會招募50,000位短宣義工到海外工場去。由於我在教會中看不到神同在的證據，所以我真的不敢想像，把這麼多不冷不熱的人帶到海外工場去，會有甚麼後果。

然而，神在這時卻以特別的方法向我說話，祂要我留在美國，從事門徒訓練的工作，好讓我的宗派能達成遍傳福音的使命。可是，我過去一直在印尼宣教，並剛當上了印尼浸信會神學院的院長，正準備全力投身於印尼的事奉，為何神偏偏要在這時，把我這個宣教士從世界上第五大國呼召回來，並要我留在美國作長時期的事奉呢？我每星期都在日記上寫：「主啊！祢想對我說甚麼？」在之後的八個月，我都為此事與神不斷的爭辯。

後來，我在崇拜時講及神命令彼得吃掉一塊大布上不潔的動物一事（見徒十章），我突然發現，神也賜下了一塊布給我，只是布上的不是動物，而是已死的教會，亦即是我正在講道的教會。雖然我聽到神對我說：「起來，宰了吃」，可是，我拒絕與這些已死的教會扯上任何關係，並堅持要回到印尼去。我更反駁神，說：「彼得有三個人在門外告訴他該怎樣行，而我卻一個也沒有。」

就在此時，神便安排三個人在我身邊出現，他們都請求我做一些與我的掙扎直接有關的事。第一位是我的牧師伊多馬（Tom Elliff），他要我把《塑造主生命》譯成英文，好讓他能用這課程來訓練他的同工。第二位是我所屬宗派的出版社的門訓部主管艾羅以（Roy Edgemon），他問我能否把《塑造主生命》改寫，好讓它能切合英語世界讀者的需要。第三位是我所屬宗派的佈道部主任何高（Bill Hogue），他請求我設計一些能訓練信徒作見證的教材。雖然神為我安排了這三個人，讓我知道祂的心意，但我還是繼續掙扎了好幾個月。最後，神清楚地告訴了我祂的心意和計劃：復興教會，裝備信徒到宣教工場去。雖然離開印尼令我十分傷心，*但我知道，如果我要教導別人順服，我自己便先要順服。*

必要的順服

也許你與我一樣，雖然知道自己能夠順服，也應該順服，可是卻偏偏不願順服。又或許，你也會像我一樣，不斷為自己的不順服找藉口，然而，聖經卻這樣說：「**因為你們立志行事，都是神在你們心裡運行，為要成就祂的美意。**」（腓 2：13），可見神早就在門徒的心中，製造了順服祂的意願和能力。雖然門徒都是平凡人，但他們願意把自己完完全全的獻給神，這使他們變得不平凡。

試留意主耶穌教導門徒的過程：

1. 祂命令，門徒就順服。

2. 透過完成基督吩咐他們作的工，得以明白基督要他們學的功課。

3. 之後，基督與他們討論剛才工作的意義。

■ **試根據指示，回答下列問題：**

耶穌呼召祂的門徒放下工作來跟從祂，安得烈、彼得、雅各和約翰都放下了他們捕魚的工作（見太4：18-22），而馬太在聽到呼召後，也放下了他稅吏的工作（見太9：9）。**如果神呼召你，有些甚麼東西是你難於捨棄或難於去作的？**

耶穌告訴彼得去捉一條魚，然後在牠口中取出一塊錢，以作交稅之用（見太17：27）。**如果神要求你作一些看起來是不合理的事，你會怎樣做？**

耶穌叫門徒為祂去取一頭驢，若這頭驢的主人問他們為甚麼作這事，就只管回答說：「主要用牠」（見可11：3）。**如果主要你為祂取一輛泊在大街上的貨車，你會怎辦？特別是當車主問你原因時，你會回答說：「主要用它」嗎？**

當主叫腓力去餵飽五千人時，腓力便說，這是不可能的。可是，安得烈卻把一個小孩的午餐獻上，縱使他也認為這份午餐是不足夠的（見約6：5-11）。**在這件事情上，你喜歡哪一個門徒？**

☐ 腓力　　☐ 安得烈

你曾否因主要你作的工作看似不合情理而拒絕順服呢？

☐ 曾　　☐ 不曾

門徒對主基本的承諾，便是忠心到底。*與門徒一樣，我們也必須忠心地遵行祂的命令。*耶穌也為門徒提供支援，以幫助他們遵行祂的命令：祂為他們禱告，賜下聖靈，並為門徒預備了祂的話語。因此，你和我都有同一樣的資源來遵行主的命令，而且祂也會不斷供給我們的需要，所以我們根本一無所缺！若你愛祂的話，你便會遵行祂的命令，多結果子，並且畢生順服祂。只要你願意，主耶穌便會帶領你的一生！

■ **請重溫本週的主題，並完成下列句子：若你的生命有__________的特徵，你便會順服主，並結出___________。**

若你不能完成以上句子，請翻看第30頁的插圖，正如你在本週所學，你可以讓基督帶領你及幫助你，讓愛心、順服和果子成為你生命的特徵。

應用「門徒十架」

你的首要任務就是連於基督，即葡萄樹上。若你這樣做，主便會成為你生命的中心。我在下圖已為你寫下「門徒十架」的所有元素，但卻沒有把基督放進圓圈的中心。現在便請你把「基督」二字填在圓圈的中心，並在「基督」下面寫上約 15：5，好提醒你葡萄樹與枝子的關係。在之後的數個星期，你將會繼續學習門徒十架的不同元素。

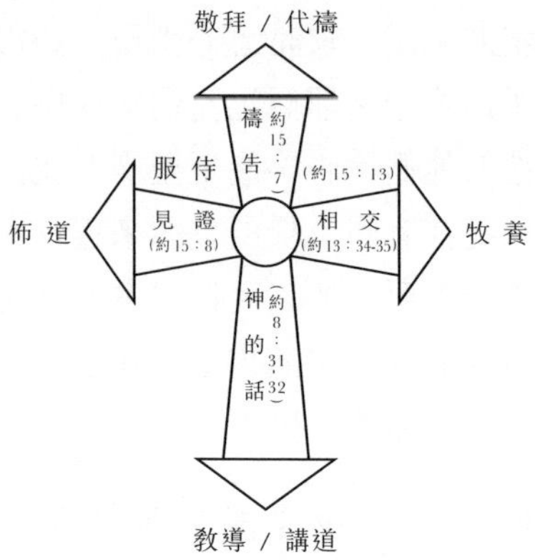

請繼續每天靈修。今天靈修時，請讀約翰福音十五章。在這章聖經中，你會找到不少曾經背誦過的經文。你可以一邊讀，一邊找出讓基督成為你生命中心的各種方法。在以後的每個星期，我都會要求你重讀這段經文，並從中找出神在該星期向你説明的原則。讀畢經文後，請完成下面的「每日與主相交」。

神向我説甚麼：

____

____

____

我向神説甚麼：

____

____

____

本週有甚麼不同？

■ **重溫在本星期開始時的學習材料「本週與主同行」，若你已完成有關活動，請在該活動前的◇符號內畫一直線。若有未完成的活動，請你繼續完成它。最後，請你想一想如何在小組內，分享你對本週活動的體驗。**

在完成了第一週「與主同在」後，你有甚麼感想？

- 本週的學習能令你的生活改變嗎？
- 在你心中，基督的地位是否比上一週更高？

請禱告：「主，在我生命中有甚麼還需更多操練的？求祢指示我。」又或：「主，我是軟弱的，我需要祢的力量，求祢教導我如何可把祢當作生命的主，並與祢同行。」當你能把今天的活動變為習慣時，便能活在基督裡，而聖靈也會改變你，讓你活出與別不同的生命。

下面的問卷有助你評估自己的屬靈生活，它只供個人參考，所以你無須與人比較；它也不是測驗，因此不會有人拿滿分。你的分數只反映你對門徒生活的態度，因此我鼓勵你誠實作答。

■細閱下列各項，然後在最能反映你情況的圓圈內塗上顏色。

與主同在	慣常	頗多	間中	很少	從不
• 我每天都有靈修。	○	○	○	○	○
• 我嘗試讓基督成為我生命之主。	○	○	○	○	○
• 我整天都感到與主非常接近。	○	○	○	○	○
• 我嘗試操練自己。	○	○	○	○	○
• 我知道主正在操練我。	○	○	○	○	○
活在神的話語中					
• 我有每天讀經的習慣。	○	○	○	○	○
• 我有每週研經的習慣。	○	○	○	○	○
• 我每週都會背誦金句。	○	○	○	○	○
• 我每週最少一次，寫下聽道、讀經或研經筆記，並把它們的內容應用在日常生活中。	○	○	○	○	○
信心禱告					
• 我會為禱告簿上的人和事禱告。	○	○	○	○	○
• 在上個月，我的禱告得到了主的回應。	○	○	○	○	○

• 我每天的禱告內容包括感謝、讚美、認罪、祈求和代求。	○	○	○	○	○
信徒相交					
• 我與主內的弟兄姊妹和睦相處。	○	○	○	○	○
• 我嘗試與不喜歡我的人，以及我不喜歡的人和好。	○	○	○	○	○
• 當別人看見我對神兒女的愛眷，便知我是個基督徒。	○	○	○	○	○
• 我與家人融洽相處。	○	○	○	○	○
向世人作見證					
• 我經常為失喪者提名禱告。	○	○	○	○	○
• 若有合適的機會，我必定會向別人分享我的見證。	○	○	○	○	○
• 我會向那些樂意聆聽的人，述説主耶穌的救贖計劃。	○	○	○	○	○
• 我每週都會為主作見證。	○	○	○	○	○
• 那些由我帶領信主的人，我會親自跟進，並給予鼓勵。	○	○	○	○	○
彼此服侍					
• 我在教會中事奉主。	○	○	○	○	○
• 我奉獻不少於十分一的月薪給教會。	○	○	○	○	○

• 我會每月至少一次，為那些不幸的人做點事。	○	○	○	○	○
• 我有清楚的人生目標。	○	○	○	○	○
小計	___	___	___	___	___
	x 4	x 3	x 2	x 1	
總計	___	___	___	___	___
總分	______				

當你回答所有的問題後，便可以把分數加起來（「從不」的一欄除外）。每個「慣常」的項目佔四分；「頗多」的項目佔三分，「間中」的項目佔二分；「很少」的佔一分，全卷的最高分數是一百分。現在就把這四欄的分數加起來，看看你的總分是多少吧！

■ **試完成下列句子：**

1.我認為這份問卷的分數（能／不能）充分反映門徒生活的情況，因為：

____

2.設計這份問卷時，應該一併加入的因素還有：__________
而我對這些因素的看法是：______________

3.我對自己的門徒生活有以下的評價：

____

第二週

活在主的話語中

本週目標

透過每天靈修和背誦經文，你便能活在主的話語中，因而與基督建立更親密的關係。

本週與主同行

你將會通過下列活動來進行作門徒的六項屬靈操練。每當你完成一項活動時，請在有關句子旁的◇符號內畫一直線。

與主同在

◇ 靈修時，採用本週材料中的「每日與主相交」。

活在主的話語中

◇ 每天讀聖經，寫下神對你說的話和你對神說的話。

◇ 背誦約翰福音 8：31-32。

◇ 溫習背誦過的路加福音 9：23 及約翰福音 15：5。

信心禱告

◇ 提名為每位「塑造主生命」的小組成員禱告。

◇ 請在本週相約你的「禱告夥伴」禱告一次。倘若你還沒有「禱告夥伴」，就在本週內找一位。

信徒相交

◇ 嘗試與小組中一位成員加深認識，你可以探訪或致電這位成員，告訴他 / 她，你正為他 / 她禱告。你們也可互相分享「塑造主生命」這課程所帶來的祝福和挑戰。

向世人作見證

◇ 在你的「禱告簿」上寫下至少五位未信者的姓名，並定時為他們禱告。你若有聖靈的感動，更可嘗試聯絡他們。

彼此服侍

◇ 繼續學習「門徒十架」。在本週，你將學習「門徒十架」的底部，它是你上週所學的圓圈的補充部分。

本週金句

「你們若常常遵守我的道，就真是我的門徒；你們必曉得真理，真理必叫你們得以自由。」（約 8：31-32）

第1天

更親密的關係

我在年青時已養成了靈修的習慣。因為我在書中看到，有些信徒於清晨四時便起床，並在早餐前花一小時讀經和一小時祈禱。他們的榜樣令我讚嘆不已，於是我決心向他們學習。我很努力嘗試，但卻不能持久下去。根據這樣的時間表，我在兩天後便已疲憊不堪，無法準時起床。然而，我每次失敗後，都會告訴自己，明天我必定要準時起床。

起初我會因未能持續在早上起來靈修而感到內疚，可是，我後來才發現，這麼早起床可能會損害我的健康，因為那些令我佩服的信徒，原來每晚八、九時便睡覺，而我卻於凌晨一、二時才可休息。

不久，我又讀到一篇有關禱告的短文，文章強調每天都要給神一點時間，並且必須恆切操練靈修的習慣；文章也介紹了一個完成這目標的簡單方法。於是讀完這篇文章後，我便決定無論自己身處甚麼環境，也要每天用七分鐘來靈修。當然，我很快便感到七分鐘的時間是不足夠的，就把鬧鐘調校得早一點，好讓自己能有更多與神在一起的時間。

我發現*靈修不止是一種習慣，更是與耶穌基督每天清晨的約會*，祂早就居於我生命的中心。正因祂也居於你生命的中心，所以我建議你每天早上花幾分鐘與祂有美好的交通。

每天靈修是作主門徒六大操練中的第一項，也是最基本的一項。在上星期，你學了一些作主門徒的要求，就是捨己、以基督為生命的主和一生順服主。在本星期，你將會學習「以基督為生命中心」的意義。

應用「門徒十架」

過去一週，你在繪畫「門徒十架」的過程中明白到基督對你的期望，你也明白「門徒十架」的中心部分正好代表基督在你生命中的地位。當你繼續學習「塑造主生命」這課程時，便會明白這中心四周木條的意義。當你每次實踐一些操練，並與基督的生命結連時，便會在這圓圈外加上一條木條，最後，*你可以看見這個十架正代表著門徒必須接受的六項操練*。你的每週習作都與這六方面的操練有關：

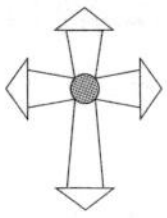
與主同在

活在主的話語中

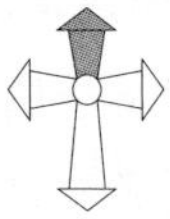
信心禱告

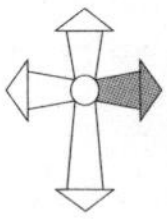
信徒相交

向世人作見證

彼此服侍

試為下列的「門徒十架」列出作主門徒的六項操練。

1. ______________________________
2. ______________________________
3. ______________________________
4. ______________________________
5. ______________________________
6. ______________________________

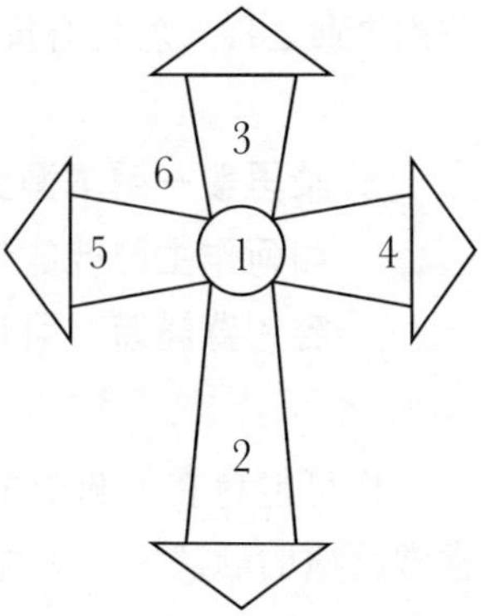

以後每一週，你也會學習「門徒十架」的新信息，在本課程結束時，你應該能夠用自己的話來解釋「門徒十架」，並能夠背誦所有與它有關的經文。

十架上的每一條木條都代表著基督徒生活的一部分，底部的木條代表著神的話，頂部的木條則代表著禱告（下週將會學習）。底部和頂部的木條合起來，便是十架的垂直（縱）部分，這部分正代表著你與神的關係。兩週之後，你便會學習繪畫「門徒十架」的水平（橫）部分，它代表著你與其他人的關係。你在基督的生命中，有一位主和兩種關係。一位主就是圓圈所表示的——居於你生命中心的基督；兩種關係乃是指你與神的關係和你與人的關係。

在主的話語中

讓主活在你裡面的方法，就是讓祂的話在你裡面。作主門徒的第一項操練，就是藉著靈修與主同在。至於第二和第三項的操練，即「活在主的話語中」和「信心禱告」，乃是靈修的內容。耶

穌在約翰福音8：31-32說：「你們若常常遵守我的道，就真是我的門徒；你們必曉得真理，真理必叫你們得以自由。」神的話就是我們生命之糧，若沒有按時接受祂話語的餵養，我們是長不大的。

請再讀一遍本週金句——約翰福音8：31-32。試在論到如何作主門徒的句子下面畫一道橫線，並開始背誦經文內容。背誦時，可以高聲朗讀它一至三次。

你可能會在「你們若常常遵守我的道」下面畫線。我們若不常常讀祂的話語，又怎能成為祂期望我們成為的那種門徒呢？

你也許會問：「我若活在祂的話語中，我的生活會有甚麼不同？其他人遇到的問題，我也會同樣遇到嗎？我雖然常常遵守祂的話，但也免不了人生的憂慮，到底作主的門徒是否真的那麼重要？」我們作為基督徒的，當然不會不遇見困難，但只要活在祂的話語中，我們就能夠承受各樣的風暴。當我們與主建立關係時，我們便能看見，聖經為甚麼會說祂是引導與能力的來源了。

每天的約會

靈修是沒有東西可以代替的，因此要明白神的教訓，就只得每天讀經、默想和禱告。自古以來，那些被神大大使用的人，都是因為他們在個人敬拜中認識神的真理與大能的緣故。聖經說：「這律法書不可離開你的口，總要晝夜思想，好使你謹守遵行這書上所寫的一切話。如此，你的道路就可以亨通，凡事順利。」（書1：8）*背誦能將神的話送進腦子裡，默想能將神的話藏在心裡。*你要一直默想神的話，直到它藏進你的心裡。你心裡有了神的話，就能夠面對任何的處境。

幾年前，我在靈修中得著一個很特別的經歷。當時我在準備接受第二次前列腺手術，並預期那次手術與第一次的該大致相同——雖然有點不舒服，但卻沒有甚麼後遺症。當時我讀到詩篇116：1-9，詩人在第3節這樣說：「死亡的繩索纏繞我；陰間的痛苦抓住我；我遭遇患難愁苦。」

讀了這節經文後，我有點擔心，便在「禱告日誌」上寫道：「這次手術必定比我想像的危險得多。」我也因此作了最壞的打算，同時我對神的帶領充滿信心，因為在7-9節中，詩人這麼說：「我的心哪！你要仍歸安樂，因為耶和華用厚恩待你。主啊，你救我的命免了死亡，救我的眼免了流淚，救我的腳免了跌倒，我要在耶和華面前，行活人之路。」

手術後的報告證實出現了癌細胞。我聽到自己患上癌症，就甚驚怕，但主叫我想起祂所給我的經文，並且安慰了我的心。醫生說，那個癌細胞很可能是我身體內唯一的一個，於是決定以後每三個月覆診一次，檢查我的復康進度。感謝主，祂實在保守了我。那次手術至今已有五年多，我的癌症一直沒有復發。但這次事件，卻引起醫生的注意，讓我停止服用那些會令癌細胞擴散的藥物。

感謝主，祂藉著祂的話語預先警告我有癌症的危機，好讓我作好面對一連串手術的準備。過順服的生活並沒有叫我免疫於癌症，但每天的靈修卻使我明白神的應許，這些應許就是我艱難時的力量與安慰。

■ **你有沒有與神建立更親密的關係，更願意接受祂帶領的經驗嗎？**

□有　□沒有

若有的話，請把這經驗描述出來。

____

____

與神相交

靈修是與神相交的方法，我們可通過靈修而認識祂，這是我們需要靈修第一個原因。這個星期你將會學習這個原因和另外三個原因。

靈修的原因：
1 靈修是與神相交的方法，我們可藉此認識祂。
2 為每天的生活尋找指引和帶領。
3 把需要帶到神的面前。
4 結出屬靈的果子。

為甚麼你要與神有密切的相交？跟自己喜歡的人傾談是自然的事。試想想，你若要與親愛的人，如父母、子女、配偶或朋友分離一段時間，不能與他們見面和談話，你會有怎樣的感受？我想，你一定會渴望儘快與他們見面，你會急著等待對方寄來的信和電話中傳來的聲音，你會渴慕與所愛的人在一起的甜蜜時光。同樣，作為神的兒女，你也會深深的想與天上的父親相交。

■ **請讀下列經文：**

「我們愛，因為神先愛我們。」（約壹 4：19）

「神差祂獨生子到世間來，使我們藉著祂得生，神愛我們的心在此就顯明了。不是我們愛神，乃是神愛我們，差祂的兒子為我們的罪作了挽回祭，這就是愛了。」（約壹 4：9-10）

請用自己的文字回答下列問題：

你為何愛神？（參約壹 4：19）

____

你如何知道神愛你？（參約壹 4：9-10）

____

你愛神，是回應神先愛你的行為。你知道神愛你，因為祂差祂的獨生子為你而死。就算我們不回報祂的愛，也不會影響祂對我們的愛。只是我們若不每天與神相交，從而獲得祂愛的滋潤，我們對神的愛便會變得萎縮與腐朽，因此，我們若要享受與父神親密的相交，就必須要每天靈修。

■ **下列一段經文 ——腓立比書3：10，譯自*The Amplified Bible*（聖經擴大譯本），它把希臘文中所可能包含的意思都寫了出來，請閱讀以下的中文譯文：**

「我的目標就是更認識祂 —— 我願意一步一步的學習，好使自己能更深入、更親密、更強烈、也更清楚的去認識祂，並感知到、認識到及了解到祂位格的奇妙。並且我也同樣希望認識從基督的復活中湧溢出來的大能力，這大能力也正在每位信徒的身上運行著。我也渴望分擔祂的痛苦，好讓我們能在靈裡不斷的改變，以至更有祂的形像，甚至經歷祂的死。」

■ **讀完經文後，試在下列各項中，選出保羅因與基督相交而獲得的好處。**

☐ 1. 認識基督
☐ 2. 從困惑中得釋放
☐ 3. 復活的大能
☐ 4. 一同受苦
☐ 5. 從死裡得釋放

基督沒有答應信祂的人不致死亡，也沒有承諾信祂的人可以毋需掙扎，但祂卻應允你能認識祂、能曉得祂復活的大能，並在苦難當中有祂的同在。（上面正確答案是：1，3，4。）

■ **試總結你過去的所學：**

____

■ **靈修的第一個原因是：**

____

作為一個基督徒，你對基督的愛必然勝於其他的一切。就如你愛一個人時，便不想與這個人分開，甚至願意多花時間與他／她在一起，讓自己能更認識他／她。同樣的，回答以上問題時，你可能會說：「與祂相交，可令我更多認識祂。」

每天靈修有助加強我們與葡萄樹的關係，因為離了它，我們便不能作甚麼。約翰福音15：5強調，若不常在主裡面，我們便是軟弱的；我們若在祂裡面，就被模成基督的模樣。

請繼續背誦約翰福音8：31-32，並重溫你曾背誦過的路加福音9：23。你可大聲地向你的家人或朋友朗讀這兩節金句。

請繼續每天讀經。今天請讀一段有關耶穌獨自禱告的經文——馬太福音26：36-46。讀畢之後，完成下面的「每日與主相交」。

神向我說甚麼：

____

____

____

____

我向神說甚麼：

____

____

____

____

第2天

生活的亮光

當你想活在神的話語中，便會立即考慮到時間是否充足這個問題。你也許會這樣想：每天讀經真好，我真想養成這樣的習慣啊！可是，要活在神話語中，就必須與時間競賽。這個世界究竟有多少人，能每天騰出時間來閱讀神的話呢？我的工作、家庭和其他責任已佔去了我不少的時間，難道我要整天帶著聖經到處走嗎？

誠然，讀經確是活在神話語中的最基本方法，所以我們需要每天操練。然而，除了讀經外，我們還有其他領受神話語的途徑，這包括：聽道、研經、背誦經文、默想經文、重溫經文，以及把經文應用在生活上。認基督為主，與祂建立一個個人的、終生的、順服的關係，這就表示你願意常常學習和默想祂的話。你若常常學習和默想祂的話，就能活出祂的話了。

■ **請在以上一段文字中，找出領受神話語的方法，並畫線標示出來。**

不論甚麼境況，神的話都能滲透到我們的生活裡面。我們背誦過的經文，會在不同的境況下，在我們的腦海中呈現。同樣，我們會發現自己有許多時候，都需要應用聖經的真理，因此，背誦聖經是十分重要的，因為當我們沒有聖經在手時，也可以憑記憶默想所背誦過的經文。聽道可讓我們認識神的旨意，讀經和研經則幫助我們活在神的話語中。因此，在上面習作中，你應在所有的方法下都畫上橫線。

請背誦本週金句——約翰福音 8：31-32，並高聲朗讀它一至三次。當你繼續本週活動時，請特別留意應用這些經文的機會。

應用「門徒十架」

為著加強你對「活在主的話語中」這題目的印象，請在下面空白處畫出你曾學過的部分「門徒十架」。這部分「門徒十架」應包括一個圓圈，請在這圓圈中寫上「基督」二字和約 15：5。此外，你所畫的「門徒十架」還應包括底部的木條，請在這木條上寫上「神的話」二字和約 8：31-32。你可以一邊畫圖，一邊大聲說出你曾學習過的「門徒十架」的真理。

每天靈修有助你銘記神的話語。今天你要學習靈修的第二個原因：

靈修的原因：
1 靈修是與神相交的方法，我們可藉此認識祂。
2 為每天的生活尋找指引和帶領。
3 把需要帶到神的面前。
4 結出屬靈的果子。

求神指引你

靈修可讓你尋得每天生活的指引和帶領。當你默想神的話，並與祂相交時，便能夠明白祂的旨意。詩篇143：8可作為你的禱告：

「求祢使我知道當行的路，因我的心仰望祢。」

■ **在詩篇 143：8 中，詩人求神為他作甚麼？**

____

____

■ **約翰一書5：14說**：「我們若照祂的旨意求甚麼，祂就聽我們，這是我們向祂所存坦然無懼的心。」

根據這節經文，若你按神的旨意祈求，神會怎樣回應你？

____

你可以像詩人一樣，求神指示你生命的路。你若按神的旨意祈求，祂就垂聽你的禱告。這樣的應許，可說是我們花時間做靈修以加強與葡萄樹連繫的最大原因。

在神話語中尋指引

神透過祂的話，一次又一次的告訴我當行的路。我和妻子曾經在南非帶領九個國家的人學習「塑造主生命」門訓課程。有一次，我們準備前赴肯尼亞（Kenya）的內羅畢（Nairobi）主領課程之際，當地政府卻因一場的政治騷亂而嚴禁外國人進境。我們很想突破這個封鎖，可是苦無對策。若然不能進入肯尼亞，我們得把訓練課程取消，而轉往歐洲其他地方去。

要離開南非的前一天，我們決定到津巴布韋（Zimbabwe）的哈拉爾（Harare）去，因為在那裡我們可以辦理新的護照、簽證和機票，憑藉這些新資料轉回內羅畢。回內羅畢去的那天早上，我在靈修中讀到詩篇 118：5-8 的話：

「我在急難中求告耶和華，祂就應允我，把我安置在寬闊之地。有耶和華幫助我，我必不懼怕，人能把我怎麼樣呢？在那幫助我的人中，有耶和華幫助我，所以我要看見那恨我的人遭報。投靠耶和華，強似倚賴人」

我覺得這幾節聖經是神給我的應許，因此深信我們必定可以進入內羅畢，而第 14-16 節更進一步的保證了這次行程，聖經說：

「耶和華是我的力量，是我的詩歌；祂也成了我的拯救。在義人的帳棚裡，有歡呼拯救的聲音；耶和華的右手施展大能。耶和華的右手高舉；耶和華的右手施展大能。」

我們抵達津巴布韋的哈拉爾後，雖然只得一小時的時間申請護照、辦理簽證和機票的手續，但神卻為我們完全成就了！你若在自己的國家申請過這三樣東西，想必會同意能在一小時內成功辦理的，絕對是一個神蹟！到了內羅畢關卡時，排在我們前頭的三個人都被海關人員拒絕入境，輪到我們時，他們檢查過護照和簽證後，卻容許我們進入！課程開始時，我們和學員們都不住的歡呼讚美主；那些為我們禱告，求神讓我們入境的信徒更是欣喜萬分。神為我們行了一次神蹟，我也高興自己在祂的話語中找到指引。誠然，若沒有主的應許，我根本不敢踏上這次的旅程！

■ 你有沒有從神的話語中尋找答案，並得著祂指引的經歷？

□有　□沒有

若有的話，請寫下你的經歷：

____

____

■ 請為今天的所學作出總結。

____

____

■ 請憑記憶寫出靈修的首兩個原因：

____

____

今天靈修請讀詩篇118篇，看看神要對你說些甚麼。讀畢之後，請完成下面的「每日與主相交」。

神向我說甚麼：

我向神說甚麼：

為「塑造主生命」的每位組員禱告，「門徒之約」可助你記起他們的名字。

第3天 把需要交給神

現在你可能明白到，活在主的話語中和遵守祂的道，並不是一次過的行動。你試過讀了聖經後，便把它合上，然後滿足地說：「噢！讀完了！」嗎？其實，讀經是不會有「讀完了」的一天，因為這不是一種作了而以後不用再作的事情；相反地，活在主的話語中和遵守祂的道，就如呼吸一樣，是我們生活的必須。本週金句 —— 約翰福音8：31-32說：「你們若常常遵守我的道，就真是我的門徒；你們必曉得真理，真理必叫你們得以自由。」讓我們今天便集中學習「遵守主道」的概念吧！

把需要帶到神面前

你若遵守主的道，在遇見問題時，便不會把神的幫助作為最後的辦法，反而會第一時間找祂。當你有需要時，你首先應尋求聖經的指引，這就是我們要靈修，讀神的話、默想神的話、以及與神相交的第三個原因。生活上的需要和問題令你曉得去倚靠神，祂也願意滿足你的需要。在靈修中，你可以把需要帶到神面前。

■ **今天你將會學習靈修的第三個原因。在下表中，首兩個靈修原因是空著的，你還記得它們嗎？試把它們填上去。**

靈修的原因：

1 ________________

2 ________________

3 把需要帶到神的面前。

4 結出屬靈的果子。

■ **請先閱讀下列四段經文，然後完成左欄經文與右欄應許的配對題：**

____	1. 腓 4：6-7	a. 凡等候神的，祂會使我們從新得力。
____	2. 詩 34：17	b. 在禱告中，我們得著恩惠和幫助。
____	3. 來 4：16	c. 神救義人脱離一切的患難。
____	4. 賽 40：31	d. 若將所需要的告訴神，祂會賜給我們平安。

每當你禱告的時候，都會得著奇妙的應許！神賜下恩惠、平安、力量，並救義人脱離一切的患難。（上面正確答案是：1.-d；2.-c；3.-b；4.-a。）本週金句 —— 約翰福音 8：31-32 提醒你，你若活在神的話裡，這一切美好的應許都是屬於你的。

試用數分鐘重溫本週金句 ——約翰福音8：31-32，並在下列空白處默寫出來，看看自己是否已經熟背了這節金句。

經過學習「塑造主生命」一段的時間，可能你會對自己說：「背誦的功夫真是費力，我向來就不是一個記性好的人呢！」你也許認為自己太忙、太老，不宜背誦經文，但是，背誦經文卻是活在神話語中的重要條件。你可知道，*在需要時能記得神的話語來，正是信徒生活中非常重要的一件事啊！*以下是一位奇妙女子的見證，請你看看她是如何克服背誦經文的困難吧！

住在密蘇里州（Missouri）寶路市（Polo）的柯明珠（Pearl Collinsgrove），於七十九歲那年決志信主。由於她在教會中經常聽到弟兄姊妹談論在基督裡的生活，於是也要求學習「塑造主生命」課程。可是，柯明珠是個盲人，而且教育程度只達小學三年級，好些教會中人都認為她不可能參與有關課程。但教會中的一位姊妹為她把全部課程錄了音，她也很快的把所有金句背誦下來，甚至完成了許多課程要求的習作。

柯明珠以前是一位歌手，所以她可以一邊彈結他，一邊唱出所背誦的經文，各社區中心亦開始邀請她作表演嘉賓。有見及此，「塑造主生命」小組中的一位成員為她做了一個跟她同等大的十字架，好讓她分享的時候、可以指著十字架的每個部分歌唱。她說：「我的雙腳扎根於神話語中；我的雙手向天舉起來敬拜與禱告；我的一隻手擁抱著弟兄姊妹來相交；我的另一隻手伸展到世上的未得之民那裡，要向他們傳講耶穌。」

她的見證被傳開了，美南浸信會聯會邀請她在達拉斯（Dallas）舉行的1985年年會中演唱約翰福音15：5。柯明珠在四萬五千人面前表演，獲得一致的讚賞。此時，大家才發現，原來年事高、失明、教育程度低，都不足以阻礙這位熱心姊妹學習「塑造主生命」和背誦聖經。

神為要你可以跟隨祂，早已為你付上沉重的代價。同樣，祂也可以像給柯明珠一般的給你背誦經文的能力。

嘗試與小組中的一位成員有進一步的溝通，你可以探訪或致電給他／她，跟他／她分享因背誦經文，或因課程其他部分而得的祝福與困難。也可告訴他／她，你會在背誦經文這事上為他／她代禱，並且樂意為他／她一切的需要向神禱告。最後，你們可以一起溫習在《塑造主生命》課程中所背誦過的經文。

守候禱告的答允

另一個可幫助我們連於基督的方法，就是耐心地等候神對我們禱告的回應。多少時候，我們來到神的施恩座前只懂祈求，但禱告蒙應允後，我們卻忘記感謝祂。要知道禱告是否蒙了應允，你大可把你禱告的事項記錄在「禱告簿」上，很多信徒都透過這樣的一本禱告簿，看到神在他們身上的工作。以下是一些運用「禱告簿」的指引：

如何運用「禱告簿」

1. 你可以影印第241頁的表格，作為你的「禱告簿」，你可以以事項為中心，把自己在私禱中的各樣事項記錄下來；也可以按日期排列，把一週不同日子的禱告記錄下來。你可以把每天的禱告事項寫在「禱告簿」的其中一頁上。除了每天的禱告事項外，你還可有每月或每週的禱告事項。

2. 清楚地記錄每一件禱告事項，好讓自己能知道該事項是何時蒙應允的。舉例說，不要寫「求神賜福給杜莉姑姑」，而是寫「求神使杜莉姑姑的手臂能儘快康復過來，活動自如。」同時寫下為這事禱告的日期。若聖靈感動你，給你一節能回應這事件的經文，你也可以把它寫在「聖經應許」欄內。當然，你得留意在靈修時，神有沒有賜下能回應你需要的經文。（除經文外，我們將來會學習更多有關神回應禱告的方法。）

3. 在「應允」欄內，留下二至三行，以記錄神對禱告的不同回應，這是因為神很可能分開不同的層次來回應你的禱告。最後，請你把神應允禱告的日子記下來。

請保存你的「禱告簿」，也可把第241頁的樣本影印過來使用。在完成本課程後，你可以為自己做一本禱告簿。開始運用這簿子時，你可能沒有太多的禱告事項，但你仍可嘗試把自己當時的需要逐一記錄下來。

正如戴克（Dyke）的經歷一樣，你那本寫下神何時答覆你要求的「禱告簿」，很可能成為你向人和向自己說明神慈愛與能力的最佳工具。我和雪儷（Shirley）曾在美國田納西州帶領「塑造主生命」小組，戴克當時是該小組中的一位成員。他學會使用「禱告簿」後，便不斷在簿子上寫下他老闆的名字，並努力為他的得救禱告。每個星期，戴克都會向組員分享他傳福音的情況，我們也與他一同禱告，只是神的答覆卻沒有即時來到。

終於有一天，戴克真的把他的老闆帶到教會去，而且引領他信了主。戴克興奮地告訴我們說：「這是我信主以來，最值得感恩的事。」看見一位年青人運用「禱告簿」，作為他不住禱告、領人歸主的工具，並且能在禱告的事情上有美好的見證，實在令我欣喜萬分。

我們與神相交時，除了為自己的需要禱告外，也要留心神如何滿足我們的需要。總言之，我們若要終生跟隨主、服從主，就必須養成靈修的習慣。

■ **試重溫今天的所學，並寫出我們需要靈修的三個原因。明天，你將會學習第四個原因。**

1. ____________________

2. ____________________

3. ____________________

4 結出屬靈的果子。

請在本週相約你的「禱告夥伴」禱告一次，若你還沒有「禱告夥伴」，試在本週內找一個。

今天靈修時，請讀一段與一個懇切禱告的人有關的經文——撒母耳記上 1：9-20。讀畢之後，請完成下頁的「每日與主相交」。

神向我說甚麼：

我向神說甚麼：

第4天

住在主裡、順服基督

在一次的家庭崇拜中，我向兒女講述了雅各和約翰在聽到主的呼召後，拋下魚網跟從主的故事。我的兒女甚麼也沒有問，於是我問他們為甚麼會相信這個故事是真的？我的十一歲兒子回答說：「因為他們都厭倦了修補魚網的工作。」當然，我並不認為這是門徒跟從主的真正原因。在我看來，我認為*門徒所以跟隨主，是因為他們以祂為生命的主*。你若要我概括地說明作主門徒的意思，我會說：作主門徒就是順服主的權柄。我們過去一直所強調的事，如活在主的話語中、遵守主道等，簡單一點來說，就是順服主。反過來說，你若勤於讀經、默想主話、懇切祈禱、聽道行道，但卻不順服主，那只不過是在浪費時間罷了！

■ **請讀以下一段經文，並回答下列問題。**

「你們若遵守我的命令，就常在我的愛裡，正如我遵守了我父的命令，常在祂的愛裡。」(約 15：10)

遵守主命令的結果是甚麼？

____

有沒有人可作你遵守主命令的榜樣？

____

住在基督裡的意思是：

遵守主命是作門徒的鑰匙，當你遵行主的命令時，你便能過一個終生順服主的生活。主愛你，所以你順服祂；而*主對天父的順服，也就是我們遵守主命的榜樣*。

你背誦經文的進度如何？希望你現在能體會隨時把經文背出來的好處。我作見證的時候，常常手裡沒有聖經，幸好聖靈經常幫助我想起自己曾背誦過的金句，而這些金句又實在能夠應用於有關的場合，不然的話，我真的會不知所措。不久前，我跟一位首次到教會來的女士談起來，她用了許多的藉口拒絕基督，這時，聖靈叫我想起自己以前背誦過的經文。於是，她說一個藉口，我便給她一句回應的經文。在整個過程中，我沒有直接反駁她，只在聽過她的藉口後，便與她讀一段聖經。當她讀了十到十五分鐘的聖經後，便決定相信主了。

■ **試描述一次因背誦經文而得的幫助。**

請繼續背誦約翰福音 8：31-32，並嘗試向著你的家人或朋友大聲朗讀出來。

靈修可幫助你遵守主的道。當你每天都被聖經的話語提醒時，基督的教訓便不是古舊的道理，而是歷久常新的生命之道。此外，你也不會對神的作為感到奇怪，因為祂行事的方式早已藏在你的心裡。當你順服在基督的主權下，便能結果子更多，這正是我們需要靈修的第四個原因。

■ **請寫出首三個需要靈修的原因。**

靈修的原因：
1 ______________________________
2 ______________________________
3 ______________________________
4 結出屬靈的果子。

結出果子

耶穌在約翰福音 15：4 說：「你們要常在我裡面，我也常在你們裡面。枝子若不常在葡萄樹上，自己就不能結果子；你們若不常在我裡面，也是這樣。」

■ **為甚麼耶穌說，你一定要結果子？**

____

*神不要你為祂工作，祂要的是透過你來工作。*若果你每日都願意藉著讀經、禱告和默想，使自己降服於基督之下，神的工作就能得以成就。你若能一生都這樣順服基督，祂便會教導你，讓你明白如何從聖經中認識祂。至於你能否結出果子來，且看你能否住在主裡面——連於葡萄樹了。以上所說的，就是在基督裡的生命了。

白康妮（Connie Baldwin）是維珍尼亞州一間學校的教師。她每天於清晨五時三十分起床，讓自己在上課前有一段靈修的時間。她的習慣使她每天都能為主結果子，尤其是在教導孩子和備課的事情上。她說：「對我這樣一個愛睡的人來說，在早上五時三十分起床，實在是件痛苦的事。然而，我知道神已給了我力量和決心，叫我可以每天清早起來與祂相交。我也知道，當我上到天堂時，我不會說：『真希望當時我能多睡點兒。』而是說：『我真高興每天早上都能與主在一起！』」

耶穌在世時，隨時準備多結屬靈的果子，這是因為神時刻加給耶穌不同的挑戰。甚至於耶穌感到疲倦時，也得把撒瑪利亞婦人帶到神的面前（參約4章）；當主耶穌遇上拿因城寡婦兒子的喪禮時，也得在毫無準備之下，使那寡婦的兒子復活過來(參路 7：11-12)；當門徒驚呼著叫醒在大風雨中熟睡的主，並說：「夫子，救救我們，我們快被淹死了」時，耶穌也得立時起來拯救。（參路 8：23-25）

時刻更新與神的關係

當機會來臨時，你往往未及把握它們。但如果你藉著靈修來與神建立關係，藉著禱告和背誦經文來與主保持歷久常新的關係，你就是一個隨時能把握機會的人。就我個人的經驗來說，神在靈修中向我說的話，以及這些話在日常生活的應用，都令我有無限的驚喜，至少，它們能幫助我面對生活上的一切困難，把握生命中每個突如其來的機會。在下一個早晨，當我重溫今天神所給我的指引時，便曉得原來今天的一切，都是在祂的計劃之內。

■ **在過去一週，你可有機會為主結果子？試在下列各項中選出來。**

□ 安慰朋友
□ 作見證
□ 給別人意見
□ 與人分享靈修金句和心得
□ 和別人一起禱告
□ 幫助有需要的人
□ 鼓勵人
□ 容忍別人錯誤的行為
□ 控制自己的情緒
□ 愛那不值得愛的人

■ **重溫今天的所學，並嘗試不翻看前頁而默寫出靈修的四大原因。在你認為最能幫助你成長的原因旁邊，加上「★」號。**

1. ______________________________

2. ______________________________

3. ______________________________

4. ______________________________

請在「禱告簿」上加上五位或以上未信者的姓名，並按時為他們禱告。若有聖靈的感動，你可以嘗試與他們接觸。

你的「禱告簿」其實是又真又活的神的見證。有一次，我向一位未信主的運動員作見證，我在他面前翻開我的「禱告簿」，並指著記錄在簿子上的禱告向他解說，雖然這些禱告祈求都好像是不可能實現的事，但每個禱告旁，竟都寫下了它們實現的日期。我因此對他說：「若世上真的沒有神，那麼，每次我禱告時，便都會有巧合的事發生。」感謝主，祂應允我們的祈求，以至最頑梗的人都不能否定神的存在！

今天靈修請讀創世記 22：1-19，這段經文記述了一位舊約人物順服主的經歷。讀畢之後，請完成下面的「每日與主相交」。

神向我說甚麼：

____

____

____

____

我向神說甚麼：

____

____

____

____

第5天

天天操練

在第四天時，你已學會如何可像耶穌一樣，維持與神的關係。或者你會問，耶穌既是神的兒子，為甚麼祂仍需要禱告？原因是耶穌降世時，倒空了自己，成為人的樣式（參腓2：6），令自己與神的關係跟世人的一樣，就是說，祂在神面前只是一個學生（參路2：52；來5：7-9），祂也喜歡這種與父神獨特的關係。耶穌雖是神的獨生子，又被聖靈充滿，但因祂取了人的樣式，所以仍需要有定期的、個人的敬拜生活。*耶穌在地上的生活，正好作為我們順服神的榜樣。*

「次日早晨，天未亮的時候，耶穌起來，到曠野地方去，在那裡禱告。」（可1：35）

「那時，耶穌出去，上山禱告，整夜禱告神。」（路6：12）

「散了眾人以後，祂就獨自上山去禱告。到了晚上，只有祂一人在那裡。」（太14：23）

「祂既辭別了他們，就往山上去禱告。」（可6：46）

從以上的經文可見，耶穌建立了獨特的方法來與神維持愛的關係，而這種獨特的方法就是常常禱告。祂的禱告不受時間的限制，所以祂會在清晨禱告，也會在深夜禱告。祂的禱告方式也包括徹夜禱告、獨自禱告和遠離人群禱告。

如果主耶穌需要常常與父神相交，那麼，我們豈不是有更大的需要嗎？以下是一些幫助你提高靈修效率的方法：

如何有一個高效率的靈修？

1. 每天固定時間靈修。

2. 找一個可與神單獨相處的地方。

3. 設計一個固定的靈修步驟。

固定靈修時間

固定時間是提高靈修效率的第一個要訣。清晨的靈修可讓你在一天的開始，先確定神的信實和全能。早上靈修能給你把自己完全交給神，以用整天來榮耀祂的機會。

■ **你早上起床的時間是：**____________________

■ **若要你明天提早 15 分鐘起床，你會如何調校自己的生活？**

____

我深信早上與神相交是一件很重要的事情，因我可以在一天開始之時，先來尋求祂的帶領和聽祂的話。不過，有些信徒卻寧願在晚上靈修，因為這樣能把他們一天的緊張舒緩過來。他們不單視晚上靈修為睡前安眠曲，而且視它為新一天的準備。換句話說，靈修的時間可以在早上，也可以在晚上，但時間必須固定下來，並且天天進行。

■ **你每天有定時禱告嗎？** □ 有　　□ 沒有

■ **若沒有的話，請你現在立志定下一個靈修時間吧！**

■ **我的靈修時間是：** 每天的 □上午 ________ □下午 ________

安靜的地方

提高靈修效率的第二個要訣，就是找一個與神單獨相處的地方。馬太福音 6：6 說：「你禱告的時候，要進你的內屋，關上門，禱告你在暗中的父；我父在暗中察看，必然報答你。」這節經文記載耶穌鼓勵門徒要禱告。當我們遠離噪音、瑣事和閒雜人，注意力便能集中，因此睡房、密室或車房，都是理想的靈修地方，因為在那裡，我們才能把注意力放在我們所求告的那位身上。

■ **最適合你靈修的地方是：** ________________________________

靈修的步驟

提高靈修效率的第三個要訣，就是為自己設計一套固定的步驟。我們若沒有一套固定的靈修形式，便不能專注屬靈的事，也不能集中精神來進行靈修。

■ **下列是靈修的各項內容，請在你現時已採用的項目旁邊加上「✓」號，你也可把沒有採用的項目加進你的靈修步驟內。**

□ 藉禱告與神相交
□ 讀經或研經
□ 為當日工作禱告
□ 背誦／溫習金句
□ 按「禱告簿」禱告

□ 完成《塑造主生命》當天的習作
□ 其他：＿＿＿＿＿＿＿＿＿＿＿＿＿＿＿＿＿＿

以下是我的靈修步驟，你可以把它修改成適合你自己的程序：

1. 我會跪下來禱告，讓自己與神的關係能在一夜過後得以更新。這時候，我也會運用ACTS（第33頁）的禱告模式。
2. 與神相交後，我會仍然跪著或坐下來讀經。通常我會順著聖經的次序，每天讀一章聖經。但因你正在學習「塑造主生命」這課程，因此我建議你研讀與當天課程有關的經文。課程完結後，你可自行決定要讀的經卷和每天讀的章數。
3. 讀經時或讀經後，我都會在筆記簿中寫下神對我說的話，和我對神說的話。
4. *我會根據「禱告簿」上的事項禱告*。我也會按著神的帶領，隨時在簿子上加上其他事項。

你可以採用我的步驟，也可以另行設計其他的步驟。或者這幾天多作不同的嘗試，最後看看哪套步驟最適合你自己，以及哪套步驟最能幫助你與神建立關係。

■ **請寫下你明天採用的靈修步驟。**

＿＿＿＿＿＿＿＿＿＿＿＿＿＿＿＿＿＿＿＿＿＿＿＿

＿＿＿＿＿＿＿＿＿＿＿＿＿＿＿＿＿＿＿＿＿＿＿＿

＿＿＿＿＿＿＿＿＿＿＿＿＿＿＿＿＿＿＿＿＿＿＿＿

＿＿＿＿＿＿＿＿＿＿＿＿＿＿＿＿＿＿＿＿＿＿＿＿

＿＿＿＿＿＿＿＿＿＿＿＿＿＿＿＿＿＿＿＿＿＿＿＿

■ 為了加深你對所學東西的印象，請你解釋三個靈修基本要求的重要性。你可在上文的説明中找到答案。

固定時間：

固定地點：

固定步驟：

應用門徒十架

在本週金句 —— 約翰福音8：31-32中，耶穌指出門徒的特徵就是遵守祂的道。

為了表示你已明白門徒的特徵，特別是活在主話語中和遵守主道的重要性，請你把學過的「門徒十架」部分畫出來。這些部分包括：在十架中心的圓圈、底部的木條，以及與這兩部分相關的字和經文。繪出以後，請你把本星期所學有關「門徒十架」的內容在心中或開聲解釋一遍。

彼得前書2：5 提出了信徒皆祭司的真理，而祭司的責任是「藉著耶穌基督奉獻神所悅納的靈祭」。*作為祭司，我們有天天敬拜主的權利與責任。*

■ 試評估你自己在下列各項的進度，並在最能反映自己情況的圓圈內塗上顏色。

	慣常	頗多	間中	很少	從不
有固定的靈修時間。	○	○	○	○	○
有固定的靈修地點。	○	○	○	○	○
有固定的靈修步驟。	○	○	○	○	○

雖然要與世人重建關係，神就必須要捨棄祂的獨生兒子，但祂還是甘願付出了這樣的代價。我們作為信徒，雖然每天都要付出時間來與神相交，但與神為我們所付的代價比起來，真是微不足道啊！

■ 你能從明天開始每天給神十五分鐘嗎？ □ 能 □ 不能

如果這是你的心願，請告訴神吧！

今天靈修請再讀約翰福音第十五章。這次把注意力集中在如何住在神的話語中，以及如何遵守主道上。讀畢之後，請完成下面的「每日與主相交」。

神向我說甚麼：

____

____

____

____

我向神說甚麼：

____

____

____

____

本週有甚麼不同？

■ **重溫在本星期開始時的學習材料「本週與主同行」，若你已完成有關活動，請在該活動前的◇符號內畫一直線。若有未完成的活動，請你繼續完成它。最後，請你想一想如何在小組內，分享你對本週活動的體驗。**

當你完成本週的所有活動後，想一想你在本週所獲得的經驗。

- 你能否像約翰福音8：31-32所形容的，成為一位真正的門徒？
- 本週你的屬靈生命有沒有因更多的操練而有所成長？
- 你本週是否比上週更能住在基督裡？
- 你是否正在與主建立一個個人的、終生的、順服的關係？

《塑造主生命》能激勵你的生命繼續向前，因此，若你只希望自己的生命停滯不前，便不應參加這個課程了。我祈求神在你裡面動工，讓你的生命不斷的成長，以至你能成為一位真正的門徒。

第三週

信心禱告

本週目標

以信心的禱告來與基督建立更密切的關係。

本週與主同行

你將會通過下列活動來進行作門徒的六項屬靈操練。每當你完成一項活動時，請在有關句子旁的◇符號內畫一直線。

與主同在

◇ 請每天靈修，並使用本週材料內的「每日與主相交」。

活在主的話語中

◇ 每天讀聖經，寫下神對你說的話和你對神說的話。

◇ 背誦約翰福音 15：7。

◇ 重溫路加福音 9：23；約翰福音 15：5 及 8：31-32。

信心禱告

◇ 提名為每位「塑造主生命」的成員禱告。

◇ 請與「禱告夥伴」一起禱告，可以與他／她見面禱告，也可以透過電話與他／她禱告。

◇ 為「禱告簿」上的需要禱告。

信徒相交

◇ 與人分享你的靈修心得。

向世人作見證

◇ 向未信主的人顯出神的愛。

彼此服侍

◇ 繼續學習「門徒十架」。本週你將會學習十架頂部的意義，並背誦相關的經文。下次聚會時，你需要向一位組員解釋十架底部和頂部的意義，請先作好準備。

本週金句

「你們若常在我裡面，我的話也常在你們裡面，凡你們所願意的，祈求，就給你們成就。」(約 15：7)

第1天 願祢的旨意成就

我讀大學時，*神已開始教導我「信心禱告」的功課*。那時，我讀到一篇佈道家基普士．史密斯（Gypsy Smith）的講章，這講章是以本週金句 —— 約翰福音15：7為藍本的，經文說：「你們若常在我裡面，我的話也常在你們裡面，凡你們所願意的，祈求，就給你們成就。」這篇講章深深的打動我，於是，我對神說：「主啊，我要努力活在祢裡面，正如祢所應許的，凡住在祢裡面的，都可以向祢求、向祢要，祢也必定會應允他。」禱告以後，聖靈感動我，讓我知道自己將在今夜帶領人相信接受主。於是，我走到街上向人傳福音，並求神把祂要的人交給我。還記得當時我在日記中寫道：「今晚必定會有人得救。（參約翰福音15：7）」

我走在街上，邀請人參加福音聚會。當有兩個人朝著我走過來時，心中便想：真好！這兩個人也許要在今夜得救呢。我順利地把他們帶進教會，在講員講道完畢後，我問他們：「你們是基督徒嗎？」他們回答說：「是的。」聽到他們的回應後，我非常詫異，因我已求神在今天晚上無論如何要救些人，但為甚麼竟沒有人得救？聚會結束後，我嘗試找其他人傳福音，可是一個也找不到。在回家路上，我滿腦子都是問題，問神說：「主啊，正如約翰福音15：7所說，我已經住在祢裡面，祢為何不按祢的承諾來應允我？難道祢的話不是真的嗎？」

回到校園時，才想起沒有把朋友托我保管的衣服帶回來，於是折返回去拿衣服，而我也想趁這機會，多找幾個人來向他們作見證。後來，我在街角遇上了一位十八歲的年青人，便向他講解得救之道，而他也願意接受主。感謝主，祂把一個人的靈魂交給了我，祂也藉著這件事向我顯明，*祂的話是何等的可信，祂的應許是何等的寶貴*。我更感謝主的是，那位年青人在受浸前，便已經帶領了不少人信主。

對禱告和信心有新的體會後，我更加熱心傳福音。這時，我想起要在下一個主日，在塔爾薩（Tulsa）市我父親作牧師的那家教會講道。我一向很少向神祈求得救的人數，但這次聖靈卻感動我，要我向祂祈求五個得救的人。根據聖靈給我的感動，這五個人是從未決志過的，並且必須因著我講道而決志——除非他們中途離開，於是我便禱告說：「神啊，我相信祢的話，也相信祢要在今夜拯救五個人。」我到達教會後，立即從父親手中接過邀請卡，然後四處探訪。我告訴自己，未信主的人只有到教會參加聚會，才能有得救的機會。佈道會當晚，在我作出呼召時，竟真的有五個人走出來決志接受主。此外，還有一位信徒走到台前，重新奉獻自己。這次的經驗告訴我，我若按祂的旨意祈求，神就能作更奇妙和更大的事啊！

一星期以後，我想有更多得救的人，便祈求神在週末時，把悔改的人數加至十個。然而，神沒有應允我這次的禱告，因為神要我學習一個更深的功課：禱告不是求神給我甚麼，乃是告訴神自己願意配合祂的心意，好讓祂的旨意得以成就。我也學會：禱告的目的是讓神把我放進祂的計劃中，而不是把神放進我的計劃中。

■ **你有沒有按自己心意禱告，而不按神心意禱告的經驗？若有的話，請你把這次的經驗寫下來。**

按祂的旨意求

我們若按神的旨意求，祂一定樂意答應我們的禱告；我們若不按神的旨意求，祂必會拒絕我們的祈求。因此，*我們必須聽見主的聲音，才知道該向祂求甚麼*。

亞歷士和雪萊．卡度（Alex and Shelby Credle）夫婦付出了極大的代價來跟從主，他們為主所作的犧牲，是很多人做不到的。亞歷士是個出色的行政人員，不單薪酬高、而且工作安定；他的妻子雪萊是個大學講師，任教傳理系，也在工作中找到了意義。他們居住在北卡州的一個繁盛區域內，他們的孫子也住在附近，所以他們可隨時享受天倫之樂。可是，亞歷士和雪萊卻辭退了他們的工作，賣掉了他們的房子，又送出了大部分的財產，並飛往亞洲去。他們在那裡參加了當地的志願組織，協助救援的工作，又與當地人分享他們的信仰。能踏出這樣的一大步，夫妻倆都非常高興，因他們知道，這是神的呼召，而且他們渴望能跟從神的旨意來走完這生的路程。

卡度夫婦曾因工作的關係搬家多次，但他們這次的搬家，卻和以往的不同。雪萊說：「這是我第一次為搬家禱告，並在整個過程中尋求神話語的帶領。」她繼續說：「以往我們都只靠自己來決定一切。」在遠赴亞洲一事上，他們一直連於葡萄樹，並憑著信心禱告。因此，他們能夠帶著勇氣和信心來面對生活上的改變。

也許你會問：如果我祈求神的需要，而不是自己的需要，我是否要做亞歷士和雪萊所做的事？其實，卡度夫婦的例子並不多見，而他們的例子給我們最重要的啟示是：我是否願意像他們那樣禱告？

■ 當你要作出重大的決定時，會否從神的話語中尋求指引？又會否憑著信心的禱告來把事情交給祂？

- □ 我經常這樣做。
- □ 我多半這樣做。
- □ 我知道應該這樣做，卻很少這樣做。
- □ 我通常在作出決定後，才徵詢神的意見。

請翻到第90頁，然後大聲誦讀本週金句——約翰福音15：7。金句說，在作出決定前，我們應先求問神。你是否同意金句的看法？試默想這節金句，並求神告訴你祂在你身上的計劃，然後再求神給你信心，讓你能相信祂會作成這一切。

應用「門徒十架」

在「塑造主生命」課程中，你會接受「門徒十架」的各項操練。第一項你要接受的操練就是「與主同在」，並以祂作為你生命的中心。上星期，你也接受了第二項操練，就是「活在主的話語中」。而第三項操練，就是「信心禱告」，本星期你將學到如何透過禱告，讓基督成為你生命的中心。

為了讓你對本週所學有概括的認識，請你畫出學習過的「門徒十架」部分。這些部分包括：1. 寫上「基督」二字的圓圈。2. 由圓圈向下延伸的木條，木條上有「神的話」三字。3. 與以上兩部分相關的經文。現在請你在圓圈之上畫一條木條，並在木條上寫上「禱告」二字。如你需要更清楚的指示，可翻到本書的第239頁。

十架的中心代表神，因祂在我們的生命中佔有最重要的地位。十架的木條代表著兩種的關係：垂直（縱）木條的底部寫著「神的話」；頂部寫著「禱告」，它代表著你與神的關係。而水平（橫）木條則代表著你與人的關係。

請在靈修時，繼續每日讀經。今天要讀的經文是馬太福音14：22-36。這段經文描述耶穌獨自上山禱告的情況。讀畢之後，請完成下面的「每日與主相交」。

神向我說甚麼：

____

____

____

____

我向神說甚麼：

____

____

____

____

第2天

當稱謝進入祂的門

經過第一天的研讀後，也許你會對自己說：我真想學像那些人一樣的禱告啊！但我該如何開始呢？我又可從哪兒得知與父神交談的正確方法呢？過去，你的禱告可能只是些禱文的背誦和一連串的要求，這樣的禱告是不能與神建立深入的溝通的。倘若你想在禱告生活上有進深的學習，就必須要與主建立個人的、終生的、順服的關係，並以這關係為學習信心禱告的基礎。

進到神面前

據舊約聖經的看法，禱告就是進到神面前的行動。當你發現，禱告原來就是進到神面前的方法時，你就會明白，為甚麼奇妙的事總會因禱告而發生了。

聖經對天堂與聖殿的比較，可幫助你明白甚麼是進到神面前。以賽亞書6：1-3說：「當烏西雅王崩的那年，我見主坐在高高的寶座上，祂的衣裳垂下、遮滿聖殿。其上有撒拉弗侍立，各有六個翅膀：用兩個翅膀遮臉，兩個翅膀遮腳，兩個翅膀飛翔；彼此呼喊說：『聖哉！聖哉！聖哉！萬軍之耶和華；祂的榮光充滿全地！』」先知以賽亞把天堂形容為聖殿。當以賽亞進到神面前時，就看見神的衣裳垂下，遮滿聖殿。在異象中，以賽亞不單看見神的莊嚴，也感受到神的聖潔。

■ **在以賽亞書6：1-3中，以賽亞如何形容他對神的感受？試在上面經文中的有關字詞下，間一道橫線。**

以賽亞清楚知道，神的聖潔是可畏的。因此，你很可能間下了以下的字詞：高高的，聖哉！聖哉！聖哉！並「祂的榮光充滿全地」等。

你禱告的時候，可以想像自己正在走進聖殿，一步一步的到神那裡去，就在此時，你開始感受到神那種令人生畏的聖潔。下面是耶路撒冷聖殿的橫切面圖，它可幫助你掌握聖殿基本的建築特色。聖殿有多重的入口，大門為第一重入口，至聖所則為最後一重入口。入口的層次越高，限制就越嚴。在舊約時代，一般的老百姓只能進入聖殿的某些指定範圍。

1. 至聖所
2. 聖所
3. 廊道
4. 屠場
5. 祭壇
6. 祭司院
7. 以色列人院
8. 女院
9. 外邦人院

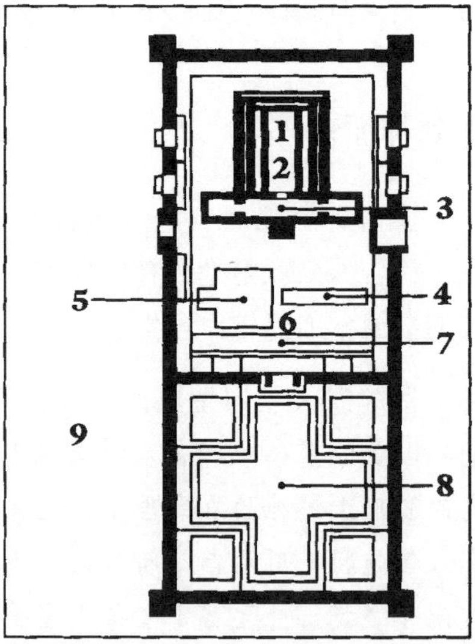

至聖所是聖殿最神聖和最中心的地方，只有大祭司才能進入。但是基督的死，卻為人開了一條又新又活的道路，讓所有的人都可藉著禱告進入至聖所，與神有親密的相交。因為基督既死在十字架上，便把屬地生命的限制廢掉，叫人可以直接進到神的面前。又因基督降世為人，藉著在十字架上一次的死，成為世人永遠的贖罪祭，因此我們無須再倚靠祭司每年的獻祭，而祭司的角色亦到此而告終。我們雖然沒有了地上的祭司，但主耶穌卻成了我們天上的大祭司，天天在神面前為我們祈求。

■ **請讀希伯來書4：14-16**

> 「我們既然有一位已經升入高天尊榮的大祭司，就是神的兒子耶穌，便當持定所承認的道。因我們的大祭司並非不能體恤我們的軟弱。祂也曾凡事受過試探，與我們一樣，只是祂沒有犯罪。所以，我們只管坦然無懼的來到施恩的寶座前，為要得憐恤、蒙恩惠，作隨時的幫助。」

走近神

雖然至聖所只給大祭司一人進入，但聖殿旁大而寬敞的外院卻是開放給每一個人的。每個人在經過外院進入聖殿時，都會向神發出讚美。詩篇100：4說：「當稱謝進入祂的門；當讚美進入祂的院。當感謝祂，稱頌祂的名！」這節經文可幫助我們想像當時的人是如何一邊讚美神，一邊進入聖殿的。同樣，當我們走近神的時候，不必匆匆的走到祂那裡，像趕著要迫祂應承我們一大堆的需要，又或給神一個疲勞轟炸似的禱求。相反，我們應先感謝祂為我們所作的一切。在我的經驗中，感謝的確是走近神的一個不二法門。

《門徒的禱告生活》(*Disciple's Prayer Life*) 的作者漢特（T. W. Hunt)是個常常感恩的人。他完全是在一個偶然的機會下，醒覺到自己需要更多的感恩：某天早上，正當刷牙之際，漢特問自己：「若明天我可以感恩的事還是和今天的一樣，那怎麼辦？」於是，他便開始為一些人們視之為理所當然的事來感恩，例如：牙齒、眼睛、觸覺、空氣、家庭、朋友等。在這樣的數算下，他便學會了「凡事謝恩」的功課。

■ **有甚麼東西是你視之為理所當然的？你能否為這些東西感謝神？請你現在寫下為這些東西感恩的禱告。**

神啊，我為著 ______________________________ 感謝祢，因為

____

____

感恩禱告其實是對神大能作為的回應，正因神的作為奇妙，我們便需要向神表達由衷的感謝。詩篇69：30-31說：「我要以詩歌讚美神的名，以感謝稱祂為大！這便叫耶和華喜悅，勝似獻牛，或是獻有角有蹄的公牛。」經文告訴我們，神看重感恩的禱告，並認為它比獻祭更寶貴。

你會為些甚麼事來感謝神？詩篇是聖經中最多感恩說話的經卷，或許它能提醒我們，在生活中有哪些事情是值得感恩的。

- **在困苦中得拯救**

「耶和華的使者在敬畏祂的人四圍安營，搭救他們。
你們要嘗嘗主恩的滋味，便知道祂是美善；投靠祂的人有福了！」(詩34：7-8)

- **神的信實**

「因為耶和華本為善。祂的慈愛存到永遠；祂的信實直到萬代。」(詩100：5)

- **罪的赦免**

  「耶和華的聖民哪，你們要歌頌祂，稱讚祂可記念的聖名。因為，祂的怒氣不過是轉眼之間，祂的恩典乃是一生之久。」（詩 30：4-5）

- **神的創造**

  「因祢耶和華藉著祢的作為叫我高興。我要因祢手的工作歡呼。」（詩 92：4）

■ **相信以上的經文能叫你想起值得感謝神的事情，請在上面各項值得感恩的事情中，找出一項你認同的，並在旁邊加上「★」號，然後為這些事獻上感恩的禱告。**

也許你因想著要把自己的需要帶到神面前，以至忘記了向祂謝恩。可是，你有沒有為上次祂給你的回應感謝祂？無可否認的，我們的禱告有不蒙應允的時候，也有需要等候的時候，亦會因祈求不合神的心意，以至祂有不答應我們禱告的時候。但是，神必會為我們安排最好的道路。我可以大膽的說，神是一位聽我們禱告、樂意回應我們的神。可是，我們有多少次因祂的回應而感謝祂呢？你的「禱告簿」便是神答應禱告的證據，我相信你已養成寫「禱告簿」的習慣，請現在就找出「禱告簿」上神已應允的禱告。

■ **請你現在停下來，翻看你的「禱告簿」或禱告日誌，然後列出兩項已蒙神答允的禱告事項。最後，請你到神的面前，感謝祂對你禱告的答應。**

禱告是作主門徒的第三項操練，而信心的禱告更是活在基督裡的一個必要元素，耶穌在約翰福音15：7中說：「你們若常在我裡面，我的話也常在你們裡面，凡你們所願意的，祈求，就給你們成就。」

請你現在停下來，溫習剛才讀過的經文——約翰福音15：7。嘗試在本週的禱告時間內，親自或通過電話，向你的「禱告夥伴」大聲說出這金句，並與他／她分享你曾背誦的金句。

請你今天繼續閱讀約翰福音15章。閱讀這段經文時，請特別留心神如何利用它來教導你信心禱告的功課。讀畢之後，請完成下面的「每日與主相交」。

神向我說甚麼：

____

____

____

____

我向神說甚麼：

____

____

____

____

第3天

當讚美進入祂的院

學習信心禱告的下一步，就是要加深認識天父，以及明白祂在你身上的旨意。耶穌除了教導門徒禱告外，也教導他們如何藉禱告來認識天父。因此，我們若轉眼仰望耶穌，祂便會幫助我們調整靈修的步伐，並幫助我們專心靈修，好讓我們能歡歡喜喜的來到施恩座前，與神建立一個更美好的相交生活。你若渴慕這種生活，可在下次靈修時，嘗試放下自己的思慮，專心仰望在天上的父！

然而，請你在藉著禱告走近施恩座前之先，再想一想，舊約時代的人是如何走近耶路撒冷的聖殿的？他們進入外院時，便高聲讚美神。正如詩篇100：4所說：「當稱謝進入祂的門；當讚美進入祂的院。當感謝祂，稱頌祂的名！」讚美的基礎就是敬拜，所以，我們要進到神面前，就必須學會敬拜祂。

宣告祂是配得的

「讚美」一詞源自拉丁文，意思是價值或價格。換言之，讚美神就是要宣告祂是配得一切榮耀與尊貴的。除了默默地閉上眼睛外，你也可以用各種不同的方式讚美祂，包括跪下、站著、坐著、甚至俯伏。約翰福音11：41便記載了一個耶穌張開雙眼的禱告。不論你採用何種方式讚美祂，也不論你是在何種環境下讚美祂，讚美都是禱告最重要的元素之一。因此，你必須要常常讚美祂，正如詩篇34：1所說：「我要時時稱頌耶和華；讚美祂的話必常在我口中。」此外，讚美也是提升你禱告素質的關鍵之一。

我們讚美的對象是神，聖經中神的不同名字，都反映了祂不同的屬性；而祂不同的屬性，也反映了祂在我們身上不同的工作方式。你可以因祂不同名字所反映的不同屬性而讚美祂。若要發現更多神的不同屬性，你可翻閱詩篇第九十一篇，因為那裡記載著神許多的名字。

今天靈修時，請讀詩篇91篇。讀畢後，請完成下面的「每日與主相交」。

神向我說甚麼：

____

____

____

____

我向神說甚麼：

____

____

____

____

以下是詩篇九十一篇中，對神幾個不同的稱呼：

伊勒以羅安（*El Elyon*）

「住在至高者隱密處的，必住在全能者的蔭下。」（詩 91：1）

「至高者」就是「伊勒以羅安」的意思。而「伊勒以羅安」有兩個意思：諸神中最強的神和宇宙的擁有者。換言之，「伊勒以羅安」即是「強中的最強」。你認為你可以憑著自己的力量克服每天的難處嗎？事實上，真正令你克服困難的是從「伊勒以羅安」而來的幫助。這位「強中的最強」除了能夠幫助你克服困難外，還能把你每日的生活安排得井井有條。

■ **試回想一件神在你身上顯出祂具有「伊勒以羅安」屬性的事。在這件事情上，祂有否讓你喜出望外？□ 有　□ 沒有**

若有的話，請在下面寫下你的感想。寫完之後，請來讚美這位「伊勒以羅安」——至高的神。

伊勒沙代（*El Shaddai*）

「住在至高者隱密處的，必住在全能者的蔭下。」（詩 91：1）

「全能者」就是「伊勒沙代」的意思，「伊勒沙代」指的是：全備的神。

「伊勒沙代」這名詞首先在創世記17：1出現。那時，神向亞伯蘭顯現，應許他的子孫將成為大國，並會在他年老時賜他一個兒子。神就是在這情況下稱自己為「伊勒沙代」。正因神是「伊勒沙代」，所以才有能力令這些承諾一一的實現，如同羅馬書 4：20-21所說：「並且仰望神的應許，總沒有因不信，心裡起疑惑；反倒因信，心裡得堅固，將榮耀歸給神，且滿心相信神所應許的必能作成。」

■ **試回想一件神在你身上顯出祂具有「伊勒沙代」屬性的事。在這件事情上，神有沒有向你實現祂的諾言？□ 有　□ 沒有。**

若有的話，請寫下來，並為著神是一位信實的神而讚美祂。

耶和華（*Yahweh*）

「我要論到耶和華說：『祂是我的避難所，是我的山寨，是我的神，是我所倚靠的。』」（詩 91：2）

「耶和華」代表著一位常與我們同在的神。在出埃及記第三章中，神向摩西顯現時，便用了「耶和華」這名字。「神對摩西說：『我是自有永有的。』」（出 3：14），祂的真正意思可能是：「去作我所吩咐的，因為我與你同在。」

■ 試回想一件神在你身上顯出祂具有「耶和華」屬性的事。當神要你去做一件非常困難的事時，你有否察覺到神的同在？
☐ 有　☐ 沒有。

若有的話，請把你的體會寫下來，然後停下來禱告，並為著神願意成為你生命中的「耶和華」而讚美祂。

伊羅興（*Elohim*）

「我的神，是我所倚靠的。」（詩 91：2）這經節顯示了「伊羅興」這名字的意思。「伊羅興」這名字最先在創世記 1：1 中出現。在創世的故事中，這名字代表了神是大能的、守約的創造主。你有沒有視神為創造主？經常敬拜祂？

■ 試回想一件神在你身上顯出祂具有「伊羅興」屬性的事。你何

時才發現神是給你生命和創造你身邊一切的創造主？請在下面寫下你的體驗，然後停下來，為著神是一位創造主而讚美祂。

神的其他名字也可幫助你認識祂，並更多的讚美祂：

- **耶和華以勒**（*Jehovah Jireh*）——供應的神
- **耶和華沙龍**（*Jehovah Shalom*）——平安的神
- **耶和華撒巴奧**（*Jehovah Sabaoth*）——帶來屬靈幫助的神
- **耶和華拉法**（*Jehovah Rapha*）——醫治的神

神的名字眾多，你也許需要運用聖經字典來查考這些名字的意思。當你對神的屬性有愈多認識，就愈懂得讚美祂。你的屬靈經驗愈豐富，就愈能體會神名字所代表的屬性。當你敬拜神時，願祂向你顯現祂自己。

讚美神的原因

除了上述原因外，讚美神的原因其實還有很多，如：

- **祂是永活的神**

  根據馬太福音16：16的記載，當耶穌問門徒祂是誰時，彼得便回答說：「祢是基督，是永生神的兒子。」

- **祂是聖潔的**

  當人進入聖殿時，便會感到神的聖潔：「以聖潔的妝飾敬拜耶和華。」（詩29：2）

- **祂是靈**

  神是個靈，所以祂沒有物質的形態，而是以最高的存在形態存在著，如此，祂可以處處與人同在。詩篇139：7說：「我往那裡去躲避祢的靈？我往那裡逃、躲避祢的面？」

- **祂是愛**

  因著愛，神向我們啟示祂自己。（參約 3：16）

- **祂是天上的父**

  祂是主耶穌的父，祂差遣主耶穌來為我們死，好讓我們能藉著主耶穌進到祂面前。「若不藉著我，沒有人能到父那裡去。」（約 14：6）

- **祂是榮耀**

  榮耀這詞代表著祂在宇宙中的影響力與重要性。希伯來書1：3說：「祂是神榮耀所發的光輝，是神本體的真像，常用祂權能的命令托住萬有。」

我們讚美神，不是因祂為我們作了甚麼，而是因祂就是那位獨一無二的真神。全心全意的敬拜便是讚美。通過讚美，我們能肯定神在我們心中的地位，並表達我們對祂的愛。

■ **請你現在停下來禱告吧！請重溫讚美神的原因，並在你繼續信心禱告的操練時，嘗試運用以上的每一個原因來讚美神。**

通過禱告的操練，我希望你的屬靈生命已有所成長 —— 無論是個人還是與「禱伴」一起的操練。我也希望神會告訴你，你需要為哪位未信主的親友獻上禱告。你若想向未信的親友作見證，其中一個最好的方法便是與他／她做朋友，然後再向他／她表明基督的愛。有了你愛的見證，他／她才不會拒絕福音啊！

我家的對面曾經住著一對善良的夫婦，他們經常找我的孩子替他們工作。雖然我和他們是要好的朋友，但他們始終不願接受福音。在某年的聖誕節，我送了一盆聖誕花給他們，好讓他們也能感受基督的愛。不久之後，那位太太便要求我為她禱告。當時，我發現她正被某些事情困擾著，並且喝了很多酒。我並沒有在為她禱告後便停止了對她的關心，相反，我不斷的繼續找機會向她見證主的愛。結果，這位太太最後也願意歸到基督的名下。我雖然只送了一盆小小的花給她，但卻因此有機會為主作見證。感謝主，因祂帶領我，讓我可以把人領到祂的面前。

試在本週內，對一位未信主的親友做點好事，讓他／她也能感受到基督的愛。請在下面寫下你為他／她所作的事，並對方的回應。

____

____

試默寫本週金句——約翰福音15：7，然後寫出你在學習信心禱告期間的感想。

____

____

____

第 4 天　認罪的祭壇

在你感謝神為你所作的一切，並因祂是獨一無二的真神而讚美祂後，請你現在嘗試向祂認罪。作為門徒，我們除了要給祂當得的榮耀與尊貴外，我們也應讓神來鑒察我們的心。

為甚麼需要認罪？

我們在前幾天，曾經讀過以賽亞看見神並為神的榮耀作見證的經文。那時，以賽亞發現自己的鄙污與神的聖潔形成了強烈的對比。

■ 請細閱下列經文，並完成下列句子。

「因呼喊者的聲音，門檻的根基震動，殿充滿了煙雲。那時我說：『禍哉！我滅亡了！因為我是嘴唇不潔的人，又住在嘴唇不潔的民中，又因我眼見大君王萬軍之耶和華。』」（賽 6：4-5）

當以賽亞看見神的榮耀時，他便 ____________ 罪。

當你來到施恩座前，並感覺到神的存在時，你便會因自己的罪污而感到無地自容。因此，在聖潔的神面前，你就只得承認自己的罪，正如以賽亞遇見榮耀的主時所作的一樣。

在基督受死之前，人們都是靠著獻祭來為自己贖罪的。為了贖罪，他們必須在祭壇上獻上血祭。可是，我們今天毋需再靠著動物的血來為自己贖罪了，因為基督已把自己獻上，作為我們的贖罪祭。我們的罪亦因此得著赦免。約翰壹書1：8-10說：「我們若說自己無罪，便是自欺，真理不在我們心裡了。我們若認自己的罪，神是信實的，是公義的，必要赦免我們的罪，洗淨我們一切的不義。我們若說自己沒有犯過罪，便是以神為說謊的，祂的道也不在我們心裡了。」若我們承認自己的罪，信實的神必然會赦免我們。

認罪的意思，就是讓神來察看我們的心。若我們願意這樣作，祂便會告訴你，是甚麼東西令你與祂分隔起來 —— 甚麼是你全然經歷祂的攔阻。我們與神之間的其中一個阻礙，就是我們的罪。詩篇139篇中美麗的句子，正是我們應有的悔罪態度，其中第23-24節說：「神啊，求祢鑒察我，知道我的心思，試煉我，知道我的意念，看在我裡面有甚麼惡行沒有，引導我走永生的道路。」透過求神給他看見自己的不義，詩人向我們展示了一個開放的認罪態度。而聖靈的工作，便是讓我們知道自己犯了甚麼罪，以致我們得罪神。因此，我們毋需瞎猜自己究竟犯了甚麼罪，因為只要我們開放自己，接受神的帶領，聖靈便會告訴我們所犯的過錯。

■ **請讀約翰壹書1：8-10。試根據這段經文，找出需要認罪的原因。**

- □ 因為我需要天父的赦免與潔淨。
- □ 我若說自己是無罪，便是自欺，真理不在心裡了。
- □ 我若認自己的罪，神是信實的，必會按祂所應許的，赦免我的罪。
- □ 我會感到心安理得。

你若認罪，天父就能作祂所應許的事情：赦免你及潔淨你。若你以自己為無罪，便是自欺，更何況天父早已知道在我們心裡的罪呢！無可否認，認罪會令我們感到心安理得，但這卻不是認罪的目的。我們認罪，目的是要恢復與父神的相交。(上述練習中，除了最後一項外，其餘都是我們需要認罪的原因。)

此外，詩篇66：18更說：「*我若心裡注重罪孽，主必不聽。*」按詩人所得的啟示，若我們心裡注重罪孽、拒絕認罪，主是不會聽我們的禱告。因此，我們若要透過禱告來與主相交，我們就必須承認自己的罪。

請在今天靈修時，讀大衛的一篇痛悔詩 —— 詩篇五十一篇。讀畢後，完成下面的「每日與主相交」。

神向我說甚麼：

____

____

____

____

我向神說甚麼：

____

____

____

____

你需要認甚麼罪？

在你認罪，求神鑒察你的心時，你可以讀以弗所書 4：22-32。雖然這是保羅勸勉教會的話，但也可應用在其他的關係和事情上。

> 「就要脫去你們從前行為上的舊人，這舊人是因私慾的迷惑漸漸變壞的；又要將你們的心志改換一新，並且穿上新人；這新人是照著神的形像造的，有真理的仁義和聖潔。所以你們要棄絕謊言，各人與鄰舍説實話，因為我們是互相為肢體。生氣卻不要犯罪；不可含怒到日落，也不可給魔鬼留地步。從前偷竊的，不要再偷；總要勞力，親手作正經事，就可有餘，分給那缺少的人。污穢的言語一句不可出口，只要隨事説造就人的好話，叫聽見的人得益處。不要叫神的聖靈擔憂；你們原是受了祂的印記，等候得贖的日子來到。一切苦毒、惱恨、忿怒、嚷鬧、毀謗，並一切的惡毒，都當從你們中間除掉；並要以恩慈相待，存憐憫的心，彼此饒恕，正如神在基督裡饒恕了你們一樣。」

在讀畢以上經文後，請你問問自己：「我需要認甚麼罪呢？」你必須在神面前開放自己，因為只有這樣，神才能指出你生命中的不足之處，讓你有認罪的勇氣。

■ **神有沒有告訴你，你要為甚麼事認罪？試在下列各項中，選出適當的答案。**

☐ 可恥的欲望　☐ 吵架　☐ 虛偽　☐ 懶惰
☐ 憤怒　☐ 毀謗　☐ 苦毒　☐ 諂媚的話
☐ 兇暴　☐ 怨恨　☐ 偷竊

現在請為你所犯過的罪寫下悔過書，並祈求神的赦免。

認罪是與神維持良好關係的重要因素。*一位成熟的門徒，無論是與主還是與人，他都可以建立和諧與完整的關係*。你只要每天藉著禱告與主相交，便可以建立這種和諧的關係，換言之，你若要終生順服主，就必須過著信心禱告的生活。

應用「門徒十架」

「門徒十架」可助你重溫在本課題中（「信心禱告」）所學的一切。首先，請你把曾學過的「門徒十架」部分畫出來，這些部分包括1. 寫上「基督」二字的圓圈。2. 從圓圈底部延伸出來，寫上「神的話」並有關經節的木條。3. 從圓圈的頂部延伸出來的木條，上面寫著「禱告」二字。請你在「禱告」二字之下，寫上與禱告操練有關的經節 —— 約15：7。請你一面畫，一面大聲解釋它們的意思，並準備好在下次聚會時，向其他組員解釋「門徒十架」的意思。

請繼續背誦約翰福音 15：7。你可以向家人或朋友大聲説出這節經文。你也可以找一位你正為他／她禱告的小組組員，告訴對方你正為他／她禱告，然後找緊機會，向他／她背誦這節經文。

你的「禱告簿」進展如何？有沒有把神應允你的禱告標示出來？若能每隔數星期檢查一下神有沒有應允你的禱告，並為應允了的禱告感謝神，你對神就會更有信心。檢查「禱告簿」是一件簡單的工作，你可以在長途旅行中檢查，在你家附近的公園靈修時檢查，也可以在一個較早起床的早上檢查。我自己已習慣了在每月檢查「禱告簿」的進度一次，看看神有沒有答應我的祈求。感謝主，原來祂已答應了我大部分的祈求。事實上，每次當我回看自己的禱告紀錄和禱告事項，我都會被神的信實所感動。雖然，並不是每一項的禱告都能蒙神的應允，但祂給我的回應，早已教曉了我要憑信心來與祂一起走過人生路。

請檢查你的「禱告簿」，並為上面的事項繼續禱告。然後為自己定下一個禱告的時間，好讓你能由下週開始，便學習知道神在你身上的工作。

我定下的日期和時間是：______________________。

第5天 在神面前

現在，你已發現自己原來能藉禱告來到神的面前，並進到聖所之內。神希望我們把一切的需要都帶到祂面前，若我們能按祂的旨意祈求，祂便把一切我們所想所求的東西賜給我們，因祂是一位樂意賜福給我們的神。過去數天，你已經因祂給你的祝福而感謝了祂，也獻上了祂當得的讚美，並且認了自己的罪；現在，你可以告訴祂你的需要，甚至別人的需要了。

把你的需要告訴神

把自己的需要直接告訴神，就好比直接走進聖殿內最神聖的地方——「至聖所」內。「至聖所」在聖殿最深入的地方，在舊約時代，只有大祭司才能進入。然而，因著耶穌的死，你便能夠直接來到這最聖潔的地方，與神面對面，並且把你心靈最深處的需要告訴祂。當你來到「至聖所」時，你的一切都是赤露敞開的。正如希伯來書4：13所說：「並且被造的沒有一樣在祂面前不顯然的；原來萬物在那與我們有關係的主眼前，都是赤露敞開的。」

今天靈修時，請讀希伯來書第四章，看看為甚麼耶穌才是我們唯一需要的大祭司。讀畢後，請完成下面的「每日與主相交」。

神向我說甚麼：

____

____

____

____

我向神說甚麼：

____

____

____

____

聖經說：「我們既然有一位已經升入高天尊榮的大祭司，就是神的兒子耶穌，便當持定所承認的道。因我們的大祭司並非不能體恤我們的軟弱。祂也曾凡事受過試探，與我們一樣，只是祂沒有犯罪。所以，我們只管坦然無懼的來到施恩的寶座前，為要得憐恤，蒙恩惠，作隨時的幫助。」(來4：14-16）耶穌是我們的大祭司，祂了解我們一切的需要。

■ 根據希伯來書4：14-16，我們應該如何進到神的施恩座前？

我們應 ____________________________

我們要進到施恩座前，就必須帶著信心，因為聖經說，神要憐恤我們，給我們恩惠，好讓我們在有需要時，可隨時得著幫助。神樂意聽我們的禱告，因此，我們只管坦然無懼的向祂求。可是，這麼大的應許，我們怎知道是真的？其實，本週金句早已給了我們保證。

當你想起本週金句 —— 約翰福音15：7所給你的奇妙應許時，請你再一次大聲說出這金句來。同時，請你也思念這位慈愛的神，因為祂把你的禱告看為悅耳的聲音。

為自己禱告

今天，你將會學習求告神的兩種方式，分別是祈求與代禱。祈求是指為自己的需要來求神。聖經中充滿了神所應允的禱告，由此可知，神樂意看見我們為自己的事來求祂。像在路加福音1：13中，神便應允了撒迦利亞求兒子的禱告，而他的兒子，便是耶穌基督的先鋒 —— 施浸約翰了。

神應允禱告的方式，其實也是把你模成祂兒子樣式的過程。因為祂不會應允動機錯誤的禱告，也不會答允為你生活造成衝擊的禱告。通過這樣的訓練，你便可更認識神的心意。請你現在細閱以下經文：「*我們若照祂的旨意求甚麼，祂就聽我們，這是我們向祂所存坦然無懼的心。既然知道祂聽我們一切所求的，就知道我們所求於祂的，無不得著。*」(約壹5：14-15)

■ **請列出你準備向神祈求的事項，下面的建議或可助你把禱告事項列出來，但你無須把禱告事項限制這些建議內，也不必在每項建議上都寫下你的禱告。若空位不足，你可以繼續用白紙來寫下你的禱告事項。**

在世人面前榮耀神：

管理時間的智慧：

對工作的關注：

教會的事奉：

使命的指引：

身心的健康：

抗拒誘惑的能力：

物質的需要：

現在就請你停下來為這些需要禱告，並求神告訴你，祂在這些事情上對你的心意。

為別人禱告

第二種求告神的方式便是代禱 —— 為別人禱告。聖經教導我們要彼此代求，正如雅各書5：16所說：「所以你們要彼此認罪，互相代求，使你們可以得醫治。義人祈禱所發的力量，是大有功效的」。耶穌多次為門徒禱告，其中又以約翰福音第十七章「分離的禱告」為最著名，那是耶穌在釘十字架前為門徒所作的禱告。這禱告中有以下的話：「從今以後，我不在世上，他們卻在世上；我往祢那裡去。聖父啊，求祢因祢所賜給我的名保守他們，叫他們合而為一，像我們一樣。我不求祢叫他們離開世界，只求祢保守他們脫離那惡者。求祢用真理使他們成聖；祢的道就是真理。」（約17：11、15、17）。若我們能像為自己禱告般為別人禱告，神就能把我們代禱的對象塑造成祂所要的樣式，因為*當我們樂意為別人禱告時，我們便是神的工具，能協助神來成就祂的旨意。*

■ **對你來說，代禱的生活有多重要？試在下列各項中，選出最適合的答案。**

□ 我忙於處理自己的需要，無暇為其他人代禱。
□ 在我完成了手上的事奉後，便會為其他人代禱。
□ 我只會在危急時才為人禱告，譬如在那人病危時。
□ 對我來說，代禱是非常重要的，因為神能透過我的代禱來成就祂的旨意。

現在請停下來禱告，求神讓你成為一位熱心的代禱勇士。

若你在過去數星期，都一直使用「禱告簿」的話，便一定有為著別人來禱告。當你藉著禱告，把別人的需要帶到神面前時，你便是神的工具，為要成就祂在別人身上的旨意。請你現在重溫你的代禱事項，看看神有沒有應承你吧！

■ 試在「禱告簿」上列出兩個人的姓名和他們的需要，然後描述神如何答應你為他們的禱告。若你只看到神回應的一部分，或者有關回應未能即時實現，也不妨把這些回應寫出來。在寫出神的回應後，請你禱告讚美主，因祂確實垂聽了你的禱告。此外，也請你繼續求神在這兩個人身上作工，直至祂的旨意得以成就。

姓名	祈求	回應
________	____________	____________
________	____________	____________

請列出今天所學的兩種禱告方式，若你忘記了的話，可翻看前頁。

為自己禱告：____________________

為別人禱告：____________________

縱使你可能每天都在掙扎，但相信過去數星期內，你都在積極嘗試過每天靈修的生活。現在，請你找一位朋友，與他分享你的靈修經驗。你也可以找一位還沒有建立靈修習慣的信徒或朋友，向他分享靈修的好處。因為當你與人分享時，你便可以增強自己每天靈修的決心。

本週有甚麼不同？

■ **重溫在本星期開始時的學習材料「本週與主同行」，若你已完成有關活動，請在該活動前的◇符號內畫一直線。若有未完成的活動，請你繼續完成它。最後，請你想一想如何在小組內，分享你對本週活動的體驗。**

現在你已完成了「信心禱告」這課題，請省思一下本週的體會：

- 在本週，你是否已能憑信心禱告？
- 靈修是否已成為你每天的習慣？
- 你有沒有使用「禱告簿」？有否在簿子上記下蒙應允的禱告？

通過本週的學習，我希望你能明白「信心禱告」是叫你成為門徒和終生順服主的重要因素。耶穌教導門徒禱告，目的就是要讓他們能更了解神的心意。通過本週的操練，你是否明白神更多？是否已開始建立終生順服神的關係？若你已開始的話，我在此衷心恭喜你。事實上，學效基督的禱告並不是一件容易的事，因為我們必須放下自己，並專心尋求祂的旨意。我們在禱告時，必須先感謝、讚美神，並承認自己的罪，因為這表明在我們的心內，有一位比我們自己更重要的存在著。

通過「塑造主生命」這課程，你將會繼續學習如何憑信心禱告。在第三冊中，你更會看到神要透過禱告，與你分享祂的豐富。作主門徒的意思，就是要明白和完成基督的心意，因此，它絕不是一件輕鬆的事情。我相信，透過學習這課程，你已明白與主同行的代價；不過，我更相信，為了成為主的門徒，你一定會甘心付上這代價的。

第四週

信徒相交

本週目標

通過建立肢體的關係，在基督裡不斷成長。

本週與主同行

你將會通過下列活動來進行作門徒的六項屬靈操練。每當你完成一項活動時，請在有關句子旁的◇符號內畫一直線。

與主同在

◇ 請你在本週嘗試每天靈修，並在當天的空格內，加上「✓」號。

□主日　□週一　□週二　□週三
□週四　□週五　□週六

活在主的話語中

◇ 每天讀經，並寫下神對你說的話和你對神說的話。

◇ 背誦約翰福音 13：34-35 。

◇ 重溫路加福音 9：23；約翰福音 15 ，5 ，8：31-32 和 15：7 。

信心禱告

◇ 與「禱告夥伴」一起禱告。

◇ 為你人生的優先次序和時間的運用禱告。

◇ 在「禱告簿」上加上新的禱告事項。

信徒相交

◇ 與教會中一位你不大熟悉的人或不在你小組中的人做朋友。

向世人作見證

◇ 好好計劃你的時間，你可運用「時間管理要訣」及「時間分配表」來幫助你。

◇ 細閱＜愛惜光陰＞（第144頁），並在對你有啟發的句子下畫一道橫線。

彼此服侍

◇ 請繼續學習「門徒十架」。你將會在既有的基礎上，即在十架中的圓圈和垂直木條的基礎上，進一步學習右邊橫木和與之相關的經文的意思。

本週金句

「我賜給你們一條新命令，乃是叫你們彼此相愛；我怎樣愛你們，你們也要怎樣相愛。你們若有彼此相愛的心，眾人因此就認出你們是我的門徒了。」（約 13：34-35）

第1天

門徒的標誌

當宣教士舒密特（Bruce Schmidt）要在烏干達（Uganda）的山谷購買三畝土地，作為在當地未得之民中開拓事工的基地時，才發現自己需要與東非最兇殘的民族——「卡莫拉族」(Karamojong)交涉。當他第一次面對「卡莫拉族」的酋長時，便被對方質問：「你為何在此？你想要甚麼？」

舒密特回答說，他來到這山谷的原因有二，第一，因著遵行基督的大使命；第二，因著實行基督最大的命令。他解釋說：「基督留給我們最大的命令，就是要我們盡心盡性的愛神，其次就是要愛鄰舍如同愛自己。因此，我希望成為你們的鄰舍。」

出乎舒密特的意料之外，酋長竟然沒有反對他，反而看似被舒密特的話所感動。他說：「沒有人會想當卡莫拉族的鄰舍，因為我們是烏干達中最被人鄙視的民族。我們偷了鄰族的牛，強暴了他們的婦女，也殺害了他們的男子，因此，我真的不能相信，你會願意作我們的鄰舍。」

交談結束時，卡莫拉族人的鐵石心腸竟都被神的愛熔化，並願意給舒密特和他的同工們三十畝地，好讓他們能開展新的事工。這一切，全因舒密特能在基督裡顯出對鄰舍的愛。雖然我們大部分人都不會在異地與可怕的民族為鄰，但在撒但掌權的世界上，也經常會面對其他人的敵視，我們這時能否像舒密特一樣，以鄰舍的愛待他們呢？

彼此相愛

耶穌從來沒有要求我們過著與世隔絕的生活。若我們忽略了與信徒建立愛的關係，就不是一個健康的基督徒。我們若缺乏肢體相交的生活，並在基督的身體 —— 教會 —— 之外過信徒的生活，我們就不能經歷到基督的豐盛。神要我們過肢體的生活，乃因肢體若在「身體」以外，便不可能得到生命的供應。*若我們能通過相交的生活來與弟兄姊妹互相聯絡、彼此相愛，那麼，我們便能互相支持，一起奔走十架的道路了。*

請誦讀本週金句：「我賜給你們一條新命令，乃是叫你們彼此相愛；我怎樣愛你們，你們也要怎樣相愛。你們若有彼此相愛的心，眾人因此就認出你們是我的門徒了。」（約13：34-35）**根據經文，耶穌認為祂的門徒應有怎樣的記號？**

■ **在背誦經文之前，請你大聲把約翰福音13：34-35朗讀一至三遍。**

耶穌認為門徒的其中一個記號，就是他們彼此相愛的心。*愛能表示你就是主的門徒。*你若能愛人，並且與他們建立和諧的關係，便證明了基督正在你心中居首位。以愛待人正是基督在世生活的特點，藉著對世人的關愛，祂顯明了自己就是神的兒子。耶穌也沒有要求門徒要單獨行事，相反，祂教導門徒要向世人展示祂的大愛，因此，我們也要與信徒在愛中相交。

■ **請細閱以下的個案：**

- 瑪大愛好戶外生活，尤其喜愛在樹林中漫步。雖然瑪大是個基督徒，但她沒有到教會去，反而引用了不少人都曾引用過的解釋，說：「在祂所創造的大自然中，我才能更親近祂。」雖然查經小組的成員曾邀請她到教會去，但她還是繼續她的戶外「敬拜」生活。

- 阿祖數年前信了主，但他卻從不參加教會的聚會。雖然住在他隔鄰的會友曾探訪他，並邀請他到教會去，但他還是拒絕了。阿祖不願到教會的原因，是因他太害羞，害怕與陌生人交談。

請在瑪大和阿祖不願到教會的原因下畫一道橫線。你是否也會以某種活動來代替到教會去敬拜神？試把這些活動寫在下面：

探索神的創造，無疑是一個幫助我們發現神的恩澤與榮耀的方法，但絕不能取代肢體相交的生活。因相交的生活，才是基督要求我們過的生活。對某些人來說，害羞的確是件痛苦的事，但是，神必會加給你能力，幫助你克服這個缺點，好讓你能成為祂身體的一部分。總言之，你若有基督的生命，又住在祂裡面，便一定會遵從祂的命令，正如約翰福音15：12所說：「你們要彼此相愛，像我愛你們一樣；這就是我的命令。」

■ 試根據約翰福音 15：12，說明為甚麼我們要愛人。

約翰福音15：12說，你要愛其他人，因為這是基督的命令。愛從神那裡透過基督，直流到我們的身上。基督已為我們樹立了愛的榜樣，因此，祂有權要求我們以屬天的愛去愛人。若我們自絕於愛的關係，便會缺乏愛的力量，也阻礙了別人對我們的愛。我們的教會正是基督身體的代表，在那裡，我們可以與其他信徒有愛的交流。因此，聖經教導我們說：「**又要彼此相顧，激發愛心，勉勵行善。你們不可停止聚會，好像那些停止慣了的人，倒要彼此勸勉，既知道那日子臨近，就更當如此。**」(來10：24-25) 我們必須與其他信徒保持相交的關係，並且不可停止聚會。

自我中心和個人主義都不是基督的教導。相反，基督的教導是：信徒就是弟兄和姊妹，教會就好比一個家，因此，我們要互相鼓勵、彼此相愛。此外，一起敬拜也可讓我們在別人身上找到愛的能量與動力。聖經說：「**各人要照所得的恩賜彼此服事，作神百般恩賜的好管家。**」(彼前4：10) 由於信徒互為肢體，所以各人都要按自己所得的恩賜，彼此服事，並且按神的話語，學習彼此服侍的原則。若有人以信徒自居，卻不到教會去，便是藐視神的話語，並活在祂的旨意之外。

天父對主耶穌長闊高深的愛，便是主耶穌深愛著門徒的原因。我們若要愛別人，就得效法主對門徒的愛。耶穌因愛我們的緣故，甘心被掛在木頭上。我們對這種犧牲的愛應不會感到陌生的，因為這就是神對祂獨生子的愛了。請你細閱以下經文，看看這個愛的關係吧！

「**我愛你們，正如父愛我一樣；你們要常在我的愛裡。**」(約15：9)

應用門徒十架

作主門徒的第四項屬靈操練，便是與信徒相交。在本週，當你繼續學習門徒十架時，便會對這項操練有進一步的了解。在過去兩週，你已知道十架上的垂直木條代表著「神的話」和「禱告」，而這兩種元素，正是你與神建立關係的基石。至於在本週和第五週，你將會學習十架上水平木條的不同元素，而這些元素則是你與別人建立關係的基石。

請你把曾學過的「門徒十架」部分畫出來，這些部分包括 1. 寫上「基督」二字的圓圈。2. 從圓圈底部延伸出來的木條，上面寫著「神的話」。3. 從圓圈的頂部延伸出來的木條，上面寫著「禱告」。請你為這三部分加上相關的經節。現在，請你為這十字架加上右面的橫木，並在上面寫上「相交」二字和約 13：34-35。若你需要協助，你可翻到第 239 頁，參看完整的「門徒十架」圖。

請你在每天靈修時繼續讀經。今天請讀哥林多前書 12：12-31，這節經文描述的是你與其他信徒的特殊關係。讀畢後，請完成下面的「每日與主相交」。

神向我說甚麼：

____

____

____

____

我向神說甚麼：

____

____

____

____

第2天

在愛中建立

神多次告訴我，我若沒有在基督裡過肢體相交的生活，便甚麼都不能作。我在大學時，曾與朋友們籌辦一個青年奮興會，地點是我朋友的故鄉 —— 德克薩斯州（Texas）的博爾赫（Borger）。我們借用了當地一所中學的禮堂，並在那兒掛起了佈告板，在電台上宣佈有關的消息，以及在商鋪內張貼了宣傳海報。可是，有關中學的職員告訴我們，社區內的教會領袖 —— 我們宗派的會員 —— 正向他們施壓，禁止我們使用他們學校的設施，因為我們的活動沒有預先徵求教會的同意。於是，我們的計劃便成為眾矢之的。

我禱告說：「主，我們已為祢作了很多籌備的功夫，求祢不要叫我們失望。」可是，神卻要我們明白：沒有祂，我們甚麼都不能作。事實上，我們一直以為自己可以為神承擔起這個工作，以至我們沒有求問祂的心意。雖然我們為這個奮興會討論了很多，也禱告了許多，但在最後，我們還是按自己的計劃而行。

雖然這次我們徹底地失敗了，但卻上了寶貴的一課。後來，我們離開了那城，並明白若沒有神的帶領和教會的參與，我們不可能作成神的工作。

■ **在服侍主的過程中，你有否因在基督的身體以外而招致失敗？**

□有　□沒有。若有的話，請把你的經歷寫出來。

____

____

在籌備培靈會之前，我和朋友們都沒有用信心來尋求神的帶領，我們也沒有求神鑒察我們的心，看看其中有沒有涉及個人利益的地方，又或有沒有榮耀自己的心態。當然，我們也沒有尋求教會的協助，以至我們未能活出基督身體的真義，因此我們註定是失敗的。

請大聲誦讀本週所要背誦的金句，然後寫下該金句如何說明信徒相交的重要。

____

____

也許，你會寫下這樣的答案：在很多事情上，我都會服從基督的帶領，但我若失去了對人的愛，我便不能叫人知道我是主的門徒。

神藉別人來作成祂的工

*許多時候，神會藉你身邊的人來顯明祂自己。*在基督裡活的其中一個意思，就是彼此相顧、互相交通，因此，神往往用弟兄姊妹來作為祂的出口。神可能會藉他們的話來讓你看到問題的核心，又或助你作出正確的決定。此外，弟兄姊妹也能助你校正自己的心思，使你成為一位負責任的人。他們可以提醒你神的話，並以愛心助你重整人生的優先次序。總言之，教會內的弟兄姊妹，都是神要使用的器皿，幫助祂來完成祂在你身上的旨意。

■ **試細閱下列個案，然後回答有關問題。**

安妮坦和她的女兒已多年沒說話了，她非常希望可以修補自己和女兒的關係，因此，她邀請女兒回家度週末，希望藉此可以重建母女間的關係。在那個週末，安妮坦把所有的時間都用在做飯和買禮物上，她希望這些行動可以使女兒回心轉意，也希望教會的弟兄姊妹能為她禱告。

你認為教會中的弟兄姊妹應如何向安妮坦表示他們對此事的關注呢？

查理士為了應付家庭的開支而需要做兩份工作。由於他工作的地方離家太遠，所以常常不能與妻兒在一起。雖然兒女們很想查理士能在運動會和學校活動中出現，但他幾乎全都缺席，甚至每兩個月才能帶家人上教會一次。

你認為查理士如何可以藉著與信徒的相交來獲得幫助呢？

在安妮坦的故事中，弟兄姊妹幫助她的方法有很多，他們可以探訪她，又或為她的女兒禱告。他們也可以在不給安妮坦任何個人意見的情況下，幫助她作出正確的選擇，譬如：她應作甚麼才能令那個週末過得更愉快？她可有為自己做錯了的事向女兒道歉？她有沒有和牧師或輔導員商量這事？他們也可邀請她到教會去，讓她的生活有另一個目標。總言之，弟兄姊妹的愛心行動，必然可以幫助她連於葡萄樹，並學習在基督身上找到幫助的秘訣。

對於查理士的處境，弟兄姊妹也可有不同的方法幫助他，譬如他們可向其他信徒查詢，看看有沒有適合查理士、薪酬又較高的工作，這樣，查理士便不用做兩份工作了。此外，他們也可邀請查理士到教會參加家庭聚會，讓他可以和兒女們一同到教會去。弟兄們也可邀請他參加細胞小組，讓他在小組中找到支持與鼓勵，以及讓他看見兒女們是何等的需要他。總言之，弟兄姊妹愛心的行動，必然可以幫助他連於葡萄樹，並學習在基督身上找到幫助的秘訣。

愛的工具

你若要成為真正的門徒，與主建立個人的、終生的、順服的關係，就必須要成為傳遞主愛的工具，透過主內的團契生活，向別人流露基督的愛。此外，你還要透過愛的行動來影響別人，讓別人樂意過合神心意的生活，並成為神所悅納的人。「門徒十架」右面的橫木，正好代表著你與其他人的關係。

請大聲誦讀本週所要背誦的金句 —— 約翰福音 13：34-35。也請你在本週與你的「禱告夥伴」禱告時，向他背出這節經文。

今天靈修時，請讀哥林多前書12：31-13：13，讓神透過這段經文，告訴你甚麼是愛。讀畢後，請完成下頁的「每日與主相交」。

神向我說甚麼：

我向神說甚麼：

第3天

幫助生命枯竭的信徒

與信徒相交永遠都是預防生命枯竭的關鍵。艾羅以不單是我多年的同工，也是鼓勵我把「塑造主生命」這課程帶到美國來的人，他曾向我憶述一次因相交（亦即是本週「門徒十架」的內容）而得到復興的經歷。

艾羅以本來已是德克薩斯州（Texas）中極度繁忙的牧師之一，再加上擴堂的事和聯會的工作，早已令他心力交瘁，不勝負荷。一天晚上，一位名叫費如雷（Bud Frey）的非洲宣教士來到艾羅以的教會中講道，當他講及最近一次靈命枯乾、衰竭的經歷時，艾羅以便在心裡說：「啊！他那時的光景和我現在的情況一模一樣啊！」據費如雷的憶述，他當時的一位朋友曾提醒他說：「你只為自己而活，而不是為主而活啊！」這位朋友又敦促他「要找出神在他身上的旨意。」於是，費如雷開始學習如何為主而活，並積極改變生活上的習慣，好讓自己能有更多時間來靈修和親近主。

艾羅以聽後，立即寫了一張便條給費如雷。便條的內容是：「你能否告訴我把這個世界停下來，讓自己可以休息一會的方法？」正當這便條沿著通道傳出去之際，這便條的內容卻被艾羅以的一位朋友何高（Bill Hogue）看到了，於是他也在便條上寫：「我也渴望知道。」

這事令艾羅以尷尬不已，他說：「我真的不想讓人知道我那時的光景啊！」那天晚上的其他時間，艾羅以、何高，以及他倆的妻子，都懇切地與費如雷一起禱告；而禱告的結果，便是艾羅以生命的復興。

「我開始了每天清早起床禱告的習慣。」艾羅以說：「以前，若我們遲遲未能決定教會事工的方向，我便會認為這是自己的過失。事實上，我那時雖然是作神的工作，但卻不讓神在我身上作工。」透過與其他信徒的相交，特別是與自己經歷同樣困難的人的相交，這位牧師終於重拾信心，並成為神大大使用的人。

■ **當你的靈命枯乾，不能過得勝的生活時，你可有嘗試與其他弟兄姊妹相交？並通過相交而得到復興？ □有 □ 沒有 若有的話，請寫下你的經驗。**

____

____

請在今天靈修時，細閱提摩太後書1：1-14，這段經文刻劃了保羅與提摩太之間的特殊關係。讀畢後，請完成下面的「每日與主相交」。

神向我說甚麼：

____

____

____

我向神說甚麼：

____

____

____

愛的支援

當你成為基督愛的工具後，教會中每位弟兄姊妹所發生的事，對你來説，都變得重要起來。哥林多前書12：27說：「**你們就是基督的身子，並且各自作肢體。**」由此可見，若身體中的一個肢體出了毛病，不論是疾病、損失，還是靈性枯乾，整個身體——包括你——便都會出現問題。同樣，若教會中的每個肢體都受到照顧，那麼，教會便能在主的愛中得以完全。

隨著科技的發達，特別是電子郵件的發明，信徒相交的範圍已可擴大至地球的每個角落。我的一位同工經常使用電郵來鼓勵在另外一州的一位牧師，這位牧師正因教會人事的糾紛而煩惱，所以非常需要別人的鼓勵。這種通過互聯網而建立的相交生活，正是牧師們夢寐以求的相交模式，因為他們常常抱怨在自己事奉的群體中，找不到知心的朋友。互聯網的產生，正好慰藉了他們的孤單與無助。相交是我們得安慰與鼓勵的途徑，因此我們必須儘快與其他信徒建立相交的關係。

分享神的作為

神很可能要你分享祂在你生命中的作為，好建立祂的身體。現在，你已明白作門徒的意思了，你又可會向其他信徒分享你在基督裡成長的經驗？其實，你大可以向人分享憑信心禱告、背誦金句和每天靈修的經驗。因你的分享，很可能是推動別人與主建立親密關係的動力。

請你背誦本週金句——約翰福音13：34-35，並與別人分享背誦經文如何助你在基督裡成長。

■ **現在停下來禱告吧！求神告訴你，祂想你在基督的身體中負怎樣的責任，以及如何用你來激勵其他的信徒。**

第 4 天

神的期望

當門徒與其他信徒相交時，門徒其實正在向別人見證主在他們身上的作為，並藉此榮耀神。人與人的關係是不會在偶然間被建立起來的，它需要悉心的栽培與料理。當我們要和別人建立關係時，也往往由於罪的緣故，以至我們經常對別人的需要漠不關心。因此，若我們要跟從基督，就必須要拋棄憎恨、諂媚、嫉妒和好説讒言等惡行。以下的經文正好告訴我們，我們如何才能與其他信徒在愛中相交。

人與人之間最重要的交往 —— 友誼

■ **請細閱下列經文：**「我愛你們，正如父愛我一樣；你們要常在我的愛裡。你們要彼此相愛，像我愛你們一樣；這就是我的命令。人為朋友捨命，人的愛心沒有比這個大的。」(約15：9，12-13)

我為何要愛人？

____

友誼的基石，就是你是否願意在必要時：________________

因為主耶穌白白的愛你，所以你也應學習以基督的愛去愛人。基督非常重視友情和朋友間的相交，所以祂才會認為在必要時，朋友應有為對方犧牲的勇氣。由此可見，耶穌以友情為人世間最重要的感情之一，祂自己便是為了別人而犧牲自己。後來，祂的門徒也同樣為了別人而犧牲自己。因此，與信徒相交和以基督犧牲的愛來彼此相顧，便都是住在主裡和終生跟從主的必要條件。

■ **試細閱以下幾段經文，看看聖經如何說明朋友之道。**

「朋友乃時常親愛，弟兄為患難而生。」（箴 17：17）

「倘若你的弟兄得罪你，你就去，趁著只有他和你在一處的時候，指出他的錯來。他若聽你，你便得了你的弟兄。」（太 18：15）

「弟兄們，你們不可彼此批評。人若批評弟兄，論斷弟兄，就是批評律法，論斷律法。你若論斷律法，就不是遵行律法，乃是判斷人的。」（雅 4：11）

「我們將所看見、所聽見的傳給你們，使你們與我們相交，我們乃是與父並祂兒子耶穌基督相交的。」（約壹 1：3）

然後把經節與下列的句子配對起來：

_____ 1. 箴 17：17	a 朋友會因愛的緣故而指出對方的錯處。
_____ 2. 太 18：15	b 朋友不會彼此批評或論斷。
_____ 3. 雅 4：11	c 我們會與朋友分享最好的東西，因此我們會向未信主的朋友傳福音。
_____ 4. 約壹 1：3	d 無論環境如何，朋友都會彼此相愛。

■ **現在請你多看一遍以上說明朋友之道的句子，並在能成為你最大挑戰的句子旁加上★號。然後求神用祂的大愛改變你，叫你能夠活出這些朋友之道。**

你會否在上述的句子中，揀選「因愛的緣故而指出對方的錯處」為你最大的挑戰？事實上，不少人都曾為此而有所掙扎，因為批評朋友不單會傷害別人，而且也可能令自己失去見證。可是，因愛心的緣故而指出朋友的不是，其實是一個關懷至極的行動。很多時候，我們都會聽到別人説，他與某位朋友出現了問題，但他卻永不會到那位朋友跟前説個明白。這種逃避的態度，最終只會令雙方的關係更糟，甚至會破壞彼此作為肢體的關係。在教會中，信徒間意見不合的情況也往往會愈鬧愈大，甚至演變為派系之爭，令基督的身體無法正常運作。

耶穌已明明的告訴我們，我們必須與人面對面的來解決彼此間的問題。以上經節亦告訴我們，基督的追隨者應如何與人相處。你可以嘗試以愛心為出發點，並以圓滑的方法來與別人溝通，相信這樣的溝通只會加強你們的關係，而不會破壞你們的關係（以上練習的答案是：1-d；2-a；3-b；4-c.）。在第四冊時，我們會進一步討論如何修補破裂的關係。

忽視肢體生活的代價

你會刻意避開關心自己的人嗎？你會寧可孤獨，也不願別人介入你的生活嗎？你是否寧願逃避，也不願付出與人建立關係的代價？你的冷漠，很可能是因你過去所受的傷害太深，以至你寧可自絕於人，也不願再受多一次的傷害。因此，你即使到教會去，也不會在那裡建立友誼。你可以參與聚會、也可以聆聽牧師的講道，但卻不可與弟兄姊妹建立關係，縱使他們渴望走進你的生命中，與你成為要好的朋友。

■ **請在以上的一段文字中，找出你認同的句子，並在它們下面畫一橫線。**

若你因不想受傷而不與弟兄姊妹來往，你便會失去許多在神家裡服侍的機會。而當你遇到困難時，弟兄姊妹也往往是幫助你解決困難、供給你需用的人。若你忽視肢體生活，便很可能要付上與神日漸疏離的代價。

請你在今天靈修時，翻閱帖撒羅尼迦前書2：1-3。當你讀過保羅對帖撒羅尼迦教會的愛和獻身後，請完成下面的「每日與主相交」。

神向我說甚麼：

____

____

____

____

我向神說甚麼：

____

____

____

____

保羅與帖撒羅尼迦教會的關係，正是我們與「塑造主生命」小組成員關係的榜樣。現在，你和組員們已一同聚會了四次，所以，你們之間應該已建立起一種緊密的關係。雖然你在參加本課程以前，對其他組員都認識不多，但經過深入的分享後，長久的、經得起考驗的友誼便必然在你們中間建立起來。也許，你已看到這些組員都具有第140頁所說的某些特點，因此，讓我們為這種彼此相信、互相支持和在愛中建立的友情來感恩吧！

■ **在本週，你已讀過約翰福音15：12-13好幾遍了，現在請你再用心細閱這段經文，並藉著禱告，把組員帶到神的面前。現在請你提名為每位組員禱告，求神藉著本課程，賜福給每一位組員，又求神讓你成為組員們的知心朋友。**

善用時間

若你沒有團契生活，又或沒有主動與弟兄姊妹相交，你的理由很可能是「沒有時間」，你可能會說：「我已經忙得沒有時間去處理自己日常生活的事情了，又何來時間與弟兄姊妹相交呢？」。因此，讓我們在今天餘下的時間和第五天，好好學習管理時間的技巧吧！

下列的建議能幫助你更有效地運用時間，請你在閱讀時，在最能夠幫助你的句子下畫一道橫線。

愛惜光陰

我們每天都得抓緊時間，甚至希望擁有更多的時間，這現象反映了時間永遠都是人類最寶貴的東西。可惜的是，雖然我們每天都與時間競賽，但時間卻永遠不會停下來。

時間的意義

時間是神給我們的禮物。當我們按著神的旨意生活時，便會懂得運用時間的藝術。作為主的門徒，我們對神給我們的每一秒都有應盡的責任，換言之，若我們能更專心地聽祂的話，我們的生活便會更和諧。*當我們把時間看作是神的禮物時，我們就更能按照祂的心意來過每一天，甚至成為管理時間的專家*。若我們能好好管理自己的時間，生活上的每個細節便都會變得更符合規律，而我們也會發現自己擁有更多的空間來處理不同的事情。

求神帶領每一天

時間是神給我們發現和遵行祂旨意的機會。若我們相信神是時間的主，我們就能相信祂不單會引領我們的每一天，也會引領我們的一生。反過來說，若我們能明白和遵行神對我們一生的旨意，也就能明白及遵行神今天對我們的旨意了。

建立工作緩急先後的次序

使徒保羅指出智慧與善用時間有極大的關係。「你們要謹慎行事，不要像愚昧人，當像智慧人。要愛惜光陰，因為現今的世代邪惡。」（弗 5：15-16）「愛惜光陰」的另一個意思是「收購所有的機會」或把特價貨物搶購一空。神所創造的時間正是我們需搶購的無價寶。神要我們把時間投資在有意義的事情上，而*最有意義的事，莫過於抓緊每個為主作工和作見證的機會*。所以，讓我們由現在開始，便抓緊每個為主作工、作見證的機會吧！這些機會可以是：意料之外的巧合，閒談時的話題，又或是突如其來的意外。讓我們由這刻開始，便學習時刻儆醒，好抓緊每個一瞬即逝的機會，讓我們能為主作工更多。

請你由今天起，為自己的工作定下優先次序，同時也要開放自己的襟懷，讓神隨時給你新的帶領。

當我們甘願順服在神的旨意之下，便能擁有真正的自由。耶穌就是一個真正自由的人，自由不單沒有令祂失去生活的目標，反而令祂的生活更從容。翻開聖經，我們不難發現耶穌是個擁有極多時間的人，祂有時間向相遇於井旁的婦人講論如何敬拜神，有時間和門徒一起休假，有時間欣賞野地的百合花，有時間為門徒洗腳，也有時間耐心地回答那些天真的問題。更重要的是，祂能在作出重大決定之前，以整夜的時間來禱告。

安靜下來，默念主愛，對我們的屬靈生命非常重要，因我們能藉此學會如何靠主來面對事情，學會如何按神的指示來休息，更能學會如何默想和禱告。安靜的時間能讓我們再一次感到內在的平安，這種平安乃是這個世界不能給我們的。此外，我們也能在安靜中，學懂分辨哪些事是首要的，哪些事是次要的。

■ **請在下列各項中，選出每天靈修的好處。**

□ 學會如何靠主來面對事情。

□ 學會如何按神的指示來休息。

□ 學會如何默想和禱告。

□ 再次發現內在的平安。

□ 學懂分辨哪些事是首要的，哪些事是次要的。

■ **以上各項中，有哪些是你仍需繼續學習的？請在它們的旁邊加上★號。**

請繼續背誦本週金句——約13：34-35。並在下面空白處把經文默寫一至三遍。完成後，也請你重溫其他曾背誦過的經文。

第5天

愛的榜樣

「相交」是耶穌在十架路上最後一篇信息的中心思想。祂要告訴祂所愛的門徒，當祂的肉身不再在地上時，他們應如何繼續祂的工作。

■ **請讀約翰福音15：14-15**「你們若遵行我所吩咐的，就是我的朋友了。以後我不再稱你們為僕人，因僕人不知道主人所作的事。我乃稱你們為朋友；因我從我父所聽見的，已經都告訴你們了。」

請在這兩節經文內，找出兩個耶穌與門徒相交時的重要原則，並在它們下面畫一道橫線。

耶穌要門徒們知道，他們是祂的朋友，而不是僕人，因此，主與他們的關係是彼此相愛的朋友關係。耶穌也要他們知道，祂從父那裡所聽見的，也都告訴他們了。耶穌不是那種不與僕人說話的主人，相反，祂公開的與門徒分享祂的事，並在釘十字架之前提醒他們，他們已具備了一切的知識，可以在祂離世後，繼續完成祂的工作。

正如十二位門徒一樣，你已具備了完成天父工作的知識，因為耶穌昔日怎樣訓練門徒，祂今日也怎樣的訓練你，好讓你能一生都服從祂。耶穌是我們的好友，並早已為我們立下了相交的榜樣，讓我們可以跟隨祂的腳蹤，成為祂的門徒。

■ **請讀約翰福音15：16-17**「不是你們揀選了我，是我揀選了你

們，並且分派你們去結果子，叫你們的果子常存，使你們奉我的名，無論向父求甚麼，祂就賜給你們。我這樣吩咐你們，是要叫你們彼此相愛。」

請在上列經文中，找出耶穌要求門徒具有的三種表現，並在這些表現下畫一道橫線。

在以上的經文中，耶穌除了強調信徒相交的重要外，更特別指出門徒應有的三種表現：(1) 結果子，(2) 奉祂的名求告父神，(3) 彼此相愛。在第三週講論禱告時，我們已對第二種表現有所學習，而在第五週，我們將會探討結果子的方法。至於第三種表現——彼此相愛，則是本週的重點。請你不要以為只有那些超凡的信徒——那些為主多走一哩路的人，才懂得去愛。愛，其實是在所有信徒身上都看得見的標記。凡遵行主話的人，都必須學習彼此相愛的功課。

強健的身體

相交的生活往往能鼓勵我們，給我們為主作見證的力量。約翰福音17：20-22如此說：「我不但為這些人祈求，也為那些因他們的話信我的人祈求，使他們都合而為一。正如祢父在我裡面，我在祢裡面，使他們也在我們裡面，叫世人可以信祢差了我來。祢所賜給我的榮耀，我已賜給他們，使他們合而為一，像我們合而為一。」基督希望祂的身體合而為一，信徒若能在基督裡合一，就能為主作美好的見證。耶穌要的是合一，不是分裂，因為合一的見證能讓更多人相信祂。倘若教會內的弟兄姊妹不懂得彼此相愛，整天在吵吵鬧鬧，這家教會就不能向世人展示甚麼是分別為聖的生活了。

此外，我們在領人歸主時，也非常需要弟兄姊妹的鼓勵。弟兄姊妹能為你禱告、能給你鼓勵、也能幫助你在真道上扎根，以至你可以隨時與人分享神在你身上的作為。總言之，當你向未信主的人作見證時，教會便是你背後有力的支持。

若你有朋友、同事、家人或其他相熟的人還沒認識主，請你把他們的名字寫在「禱告簿」上，然後憑信心禱告神，求神透過教會給你作見證的力量。此外，你也可以求神給你作見證的機會和時間，好讓你能向他們分享你與基督的關係。

請你現在翻閱「禱告簿」，若今天的學習令你想起其他需要禱告的人和事，現在就可以把它們加到「禱告簿」上去。

請向一位關懷你的朋友，大聲誦讀本週所要背誦的金句——約翰福音13：34-35。你也可以藉這個機會，表達你對他的謝意。

請在今天靈修時，再讀約翰福音第十五章，並特別注意耶穌所說，彼此相交的原則。讀畢後，請你完成下頁的「每日與主相交」。

神向我說甚麼：

我向神說甚麼：

離開你的小圈子

也許，對你來說，與弟兄姊妹相交並不是一件難事，因為你早已建立了屬於你的小圈子。在查經小組內、在「塑造主生命」小組內、又或其他的小組內，都是些與你相熟的人，因此你不會害怕與他們相交。然而，當主命令我們去愛人時，祂並沒有為我們指定愛的對象，因此，我們必須離開我們的小圈子，嘗試去與圈子以外的人相交。

請你嘗試在你的圈子或「塑造主生命」小組以外，另外結識一位朋友。這位朋友可以是你教會中的弟兄姊妹，也可以是辦公室中的同事。

每當你想到把自己的社交圈子擴闊到家庭以外，時間上的不足很可能會一再成為你的難處。你也許會說：「我已經沒有時間給自己和家人了，又怎樣會有時間來結識其他人呢？」昨天你已明白了我們要愛惜光陰的原因，以及如何成為時間的主人；今天，你將會學習使用「時間分配表」來決定日常生活中，不同事件的緩急先後。你可以在第242頁找到這個表格。

雖然我會自發地工作，但後來卻發現，若要把最重要的事完成，就必須預先定下每天的時間表。雖然我未必可以按時完成所有的工作，但至少總能把最重要的事完成。若不能為自己的事情定下優先次序，那麼，我便會被環境所支配而顧此失彼。

以下是有效管理時間的方法，閱讀時，請在你認為是重要的地方下畫一橫線。

時間管理要訣

1. 相信神會在一切你所作的事情上帶領你。「你要專心仰賴耶和華，不可倚靠自己的聰明，在你一切所行的事上，都要認定祂，祂必指引你的路。」（箴3：5-6）
   - 求神告訴你，你如何能為天國獻上自己。「你們要先求祂的國和祂的義，這些東西都要加給你們了。」（太6：33）
   - 列寫神為你定下的每年、每月、每週目標。

2. *請在主的帶領下，計劃你每天的工作。*「人心籌算自己的道路；惟耶和華指引他的腳步。」（箴16：9）

- 請在「時間分配表」中的幾個基本類別下，填上你必須要做的事情，並請你為自己設計一天或一星期的「時間分配表」，表內可包括日常生活中的各種事項，如：與神相交、家庭生活、教會生活和娛樂生活等。

- 請在「分鐘」一欄內，填上你預計完成有關工作的所需時間。你也可以寫下有關工作由開始至完成的時間，如：「與鐘先生會面：早上九時至九時三十分。」

- 決定當天事件的優先次序，並在「優先事項」一欄內，以數字來記下有關事件的重要程度。你可以以類別為單位，然後再為不同類別中的事項定立優先次序，因按次序作類同的事能為你省下不少時間，如打電話這類別便只要求我們在某段時間內，集中致電給不同的人。當然，我們也可不以類別為單位，而整體地為當天的所有事項定下優先次序。姑勿論我們的方法如何，我們每天若能花數分鐘來整理當天事項的次序，我們便能為當天省下不少的時間。因此，你必須在每天開始時，好好地計劃自己的時間表。因每天十至十五分鐘的計劃，便足以為我們省下數小時的時間。

3.「你所作的，要交託耶和華，你所謀的，就必成全。」(箴16：3)

4. *求神指引你的每一天。*「人心籌算自己的道路；惟耶和華指引他的腳步。」(箴16：9)

- 按計劃行事不單可助你節省時間，而且可讓你在完成一件事後，知道下一件要處理的工作是甚麼。

- 若神給你特別的帶領，你便要立即按祂給你的指示去作。突如其來或未經計劃的事件，都很可能是神帶領你完成祂旨意的方法。然而，我們必須弄清楚這是否神的帶領，因為撒但也會千方百計的阻止我們完成神的旨意。你可以問自己：

  —— 這是否神要我先作的事，而我一直都不知道呢？

  —— 神是否要教導我甚麼？

  —— 神是否要我去幫助一些我沒有想過要幫助的人？

  —— 這件事是否與我的長遠目標有關？若是的話，它的重要性是否足夠令我放下現時手上的工作？

  —— 這件事是重要還是緊急？

  —— 現在是完成這事的最佳的時間嗎？我能夠稍後才完成它嗎？

  —— 有沒有其他人可幫助我完成它？

  —— 其他人是否必須倚賴我來完成這件工作？

5. 律己以嚴：「**治服己心的，強如取城。**」（箴 16：32）

- 自律的秘訣就是讓神來主宰你。
- 當你失敗時，無須自責，也無須感到內疚。你所要做的，就是求神的赦免，並在祂的旨意下順服。

6. 把結果交給神。「**籤放在懷裡，定事由耶和華。**」（箴16：33）

在一天的末了，亦即是按「時間分配表」工作過後，請你看看是否還有未完成的工作？然而，*你毋需為那些工作而憂慮，因為你已在神的帶領下，完成了最重要的幾件工作*。請你在當天夜裡把這些未完成的工作交給神，並在第二天按著它們的重要性，先後列在「時間分配表」上。

■ **你能否常常完成時間管理要訣內的目標？試在下列的評估中，圈出正確的答案：4= 總是，3= 時常，2= 頗多，1= 有時。完成自我評估後，求神幫助你作出改善。**

我相信我所作的一切，都有神的帶領。

4　3　2　1

我會在神的帶領下計劃每天的工作。

4　3　2　1

我求神祝福我每天的計劃。

4　3　2　1

我倚靠神來帶領我的行動。

4　3　2　1

請你現在開始計劃你的時間，時間管理要訣和第242頁的「時間分配表」都是你能應用的工具。請你嘗試運用「時間分配表」的原則來計劃自己未來至少六星期的時間。若你正在採用其他管理時間的方法，也請你嘗試把「時間分配表」的原則應用到該方法上去。

請你停下來禱告，求神幫助你建立榮耀祂的人生次序，又求祂幫助你有智慧地運用時間。

應用「門徒十架」

「門徒十架」不單可助你把時間分配得更平衡，更可助你實踐「時間管理要訣」中所定下的目標。「門徒十架」顯示了門徒所學習的兩種東西：禱告及神的話；也顯示了門徒所應用的兩種東西：相交與見證（你將會在第五週學習有關見證的一切。）你若能*好好計劃自己的生活*，則你的學習與應用、靈性與肉身、精神生活與社交生活、給自己的時間和給別人的時間便都是平衡的。而*平衡的生活，能令你在服侍別人時，也不會忽略自己屬靈的需要。*

為了總結本週的所學，請你畫出曾學過的「門徒十架」部分，並寫下與這些部分相關的經節。請你也準備好在下次聚會時，向其他組員分享你學習「門徒十架」的心得。

本週有甚麼不同？

■ 重溫在本星期開始時的學習材料「本週與主同行」，若你已完成有關活動，請在該活動前的◇符號內畫一直線。若有未完成的活動，請你繼續完成它。最後，請你想一想如何在小組內，分享你對本週活動的體驗。

當你完成了本課題「信徒相交」後，我希望你能求主告訴你，你是否在某些方面未能愛人如己？雖然這樣的檢討往往令人感到不是味兒，但我們若真要成為門徒，這樣的檢討是必須的，因為不論我們作事的出發點有多好，它也不能幫助我們成為主的門徒，除非我們能遵行祂的話，過著肢體相交和愛人如己的生活。

第五週

向世人作見證

本週目標

學習為主作見證，也學習為自己與神的關係作見證。

本週與主同行

你將會通過下列活動來學習作門徒的六項屬靈操練。每當你完成一項活動時，請在有關句子旁的◇符號內畫一直線。

與主同在

◇ 請你在本週嘗試每天靈修，並在當天的空格內，加上「✓」號。

□主日　□ 週一　□週二　□週三　□週四
□週五　□週六

活在主的話語中

◇ 每天讀經，並寫下神對你說的話和你對神說的話。

◇ 背誦約翰福音15：8。

◇ 溫習路加福音9：23；約翰福音15：5，8：31-32，15：7和13：34-35。

◇ 透過閱讀「背聖經的理由」來明白背誦經文的理由。

信心禱告

◇ 為你人生的優先次序和時間的運用禱告。

◇ 為「塑造主生命」小組中的成員禱告。

信徒相交

◇ 與「禱告夥伴」為你的問題和你們的需要禱告神。

向世人作見證

◇ 重溫「時間管理要訣」，並利用它來計劃未來的日子。

◇ 嘗試結識一位未信主的朋友，並儘量了解他的需要，然後在小組中分享出來。

彼此服待

◇ 請繼續學習「門徒十架」，並就你的所學，解釋左邊木條的意思。

本週金句

「你們多結果子，我父就因此得榮耀，你們也就是我的門徒了。」（約 15：8）

第1天

為主結果

當我還是大學生時，就已決志要作主的門徒。決志後，我有非常強烈的感覺要向人傳福音。那時，我每星期都會用四個晚上來參加由學生組成的「佈道團」。我以為只要願意傳福音，便能領人歸主，誰知我竟一個人也得不著。雖然我背了五十多句金句，又能夠駁斥許多反對主的理由，但我其實對領人歸主的事仍一無所知，因我後來才發現，*領人歸主的能力不是來自人的智慧，乃是來自聖靈*。聖靈給予我們傳福音的能力，也通過我們來見證神。當我被聖靈充滿時，我便能夠把人帶到神面前。本課程的第二冊將會對被聖靈充滿一事作更詳細的討論。

與人分享

基督要求祂的門徒結果子。本週金句 —— 約翰福音15：8：「你們多結果子，我父就因此得榮耀，你們也就是我的門徒了。」更指出，多結果子乃是門徒的標記。你與神的關係，就是葡萄樹與枝子的關係，枝子若連於葡萄樹上，就必然能結果子。同樣，若你順服神，你便會樂意與人分享你與神的關係，正如一位快將出嫁的女子樂意與人談論她的未婚夫一樣。此外，若你認真的操練「門徒十架」的原則，你就會樂於向未信的人分享你所信的主；若你每天讀經、祈禱、過相交的生活，你就會樂於與人分享住在你裡面的基督。*當神的愛通過祂的獨生子流到你和其他人的身上時，你便會渴望與身邊的人分享福音*，聖靈也會給你力量，叫你有能力把這個大喜的信息傳揚出去。

根據約翰福音15：8，你能作甚麼來表明自己是主的門徒？

____

根據約翰福音 15：8，你能作甚麼來榮耀主？

____

你若是基督的門徒，你可通過多結果子來證明自己的身分；因為你若願意跟隨主，你便會多結果子。然而，我們結果子的力量乃來自聖靈，而不是來自自己，否則，你便會像我當初一樣的失敗。當我們多結果子時，便能榮耀主，神也因此樂意使用你來教導別人，讓別人更認識祂。

結果更多

主叫我們多結果子，祂真正的意思究竟是甚麼？加拉太書5：22-23說明了甚麼是聖靈的果子：「聖靈所結的果子，就是仁愛、喜樂、和平、忍耐、恩慈、良善、信實、溫柔、節制。這樣的事，沒有律法禁止。」我們若住在基督裡，聖靈就會在我們身上動工，讓我們具有基督的性格特徵。這些性格特徵，就是聖靈的果子。然而，為甚麼只有在基督裡才能結果子呢？

請大聲誦讀本週所要背誦的經文 ── 約翰福音15：8。根據經文，你認為神期望你結怎樣的果子？

☐ 聖靈的果子 ── 加拉太書 5：22-23 節所說的果子。

☐ 福音的果子 ── 引導別人相信接受主。

事實上，兩個答案都是對的。也許，你會問，為甚麼我要結果子？請想想葡萄樹為甚麼要結果子？葡萄樹結果子的目的，不是要讓人有葡萄可吃，而是要讓種子在地上散播。同樣，作為信徒，你結果的目的不是單單為了有好行為和好品格，而是要結出一個能夠反映基督榮美的生活。若你住在基督裡，你的生命便自然能夠結出加拉太書 5：22-23 節所說的果子來，而*你所結的果子，也可能是別人相信接受主的原因。*

■ **為了把結果子的目的說的更明白，現在請你在下列各種聖靈果子中，選出一種你認為是這個充滿不幸和困難的世界最需要的。**

□ 仁愛	□ 忍耐	□ 信實
□ 喜樂	□ 恩慈	□ 溫柔
□ 和平	□ 良善	□ 節制

你是否認為這世界最需要「仁愛」？無可否認，這個世界的確需要愛，只是很多人總在沒有愛的地方尋找愛。因此，你可透過愛的行為，如愛你的仇敵，來向世人見證基督。當世人看見你對仇敵表示愛的時候，便會大惑不解，若他們問：「你怎可能有這種愛？你怎可能愛一個苛待你的人？」這時，你可以回答說：「我真的不能這樣愛他，但基督卻透過我來愛這個人。」這樣，你的生命便成了一個活生生的見證，並且可向發問的人撒下福音的種子。但請謹記，這個見證要榮耀的不是你，而是神。我們結果子，因為它能令神得到祂當得的榮耀。換言之，我們若接受別人對我們的讚賞，便是高舉了自己。只有透過神，我們才能愛仇敵，若我們能在世人面前表現愛，我們便能撒下愛的種子了。

■ **若我們向人展示愛，但卻沒有告訴人我們愛的原因，你認為會有怎樣的後果？**

____

若我們把種子撒了出去，但卻沒有告訴其他人撒種的原因，人們只會以為我們有點特別而已。當屬靈的果子在世人面前展現時，*一個跟隨主的人一定會承認這是神在他生命中作工的成果*。當你所撒下的種子結出果子時，你便有為主作見證的機會；而神也願意使用你來教導別人，讓別人能更認識祂。

你也許認為「和平」才是這世界最需要的東西。無可否認，這個世界的確需要和平，只是很多人總在沒有和平的地方尋找和平。因此，當他們看見你湧流出來的平安與世界上的混亂迥然不同時，便會大惑不解。但你若不告訴他們，你在危機中仍能有平安和安寧，完全是因你心裡有主所賜的平安的話，他們就永遠不能找到平安的源頭。當別人詢問我們為甚麼面對逆境時，仍能保持冷靜，我們可以回答道：「因有基督的同在，我才能如此的冷靜，現在就讓我告訴你有基督同在的生活是怎樣一回事吧！」這樣，我們便能把賜人平安的神介紹給別人了！

這個世界也需要「喜樂」。你當然可以是個喜樂的人，並且把這種喜樂散播給其他人。而散播喜樂最有效的方法，便是活出克服逆境的鬥志。當別人發現你在最惡劣的境環下仍能處之泰然，發現你在最困乏時仍不輕言放棄，他們便會更多注意你。若你能承認基督就是你喜樂的源頭，你便能結出基督要求門徒所結的果子來。

■ **我們已看過加拉太書5：22-23中所說的三種屬靈果子：仁愛、喜樂、和平，以及它們能見證主的原因。現在請你在其餘的六種果子中揀選一種，並說明它如何能夠為主作見證。**

□ 忍耐　□ 恩慈　□ 良善

□ 信實　□ 溫柔　□ 節制

____

____

為未信主的人結果子

結果子除了有讓生命滿有基督性情的意思外，也有讓別人得救、跟隨基督的意思。耶穌說：「來跟從我，我要叫你們得人如得魚一樣。」（太4：19）若我們有基督居於心內，結果子便是自然的及正常的現象。

你也許會問：*我所有的朋友都已信了主，我又怎能為主作見證呢？我願意順服主並多結果子，但我如何才能找到傳福音的對象呢？*若以上是你的情況，你便需要擴闊生活的圈子，讓自己不再囿於現有的社交網絡中，那時，你會發現自己身邊原來還有很多人是未信主的。下面的習作可能對你有幫助：

試在本週結識一位未信主的朋友，儘量了解他的需要，並把這些需要記錄下來，然後在小組中分享。

____

____

應用「門徒十架」

「門徒十架」的第四條木代表著「向世人作見證」的行動。正如垂直的木條代表著人可透過讀經和禱告來與神建立關係，水平的木條正代表著人可透過相交與傳福音來與人建立關係。換言之，「門徒十架」正是在基督裡均衡生活模式的反映。

請畫出你曾學習過的「門徒十架」部分，然後再畫左面的橫木，並寫上「見證」二字。你若需要幫助，可參考第239頁的「門徒十架」圖。

今天靈修時，請讀加拉太書第五章，這章包含了你曾背誦過的、有關聖靈果子的經節。讀畢後，請完成下面的「每日與主相交」。

神向我說甚麼：

____

____

____

____

我向神說甚麼：

____

____

____

____

第2天

倚靠基督

當聖靈在我身上動工時，我傳福音的工作就愈見果效，我也因此經常在街上和酒吧內傳福音。一天晚上，當我在酒吧內傳福音時，遇到了一位非常需要福音的男士。我們交談時，他還哭起來，但卻沒有即時接受基督為救主。

就在這時，酒保走過來對我說，這酒吧不歡迎我，要求我立即離開。聽到這消息後，我的心差不多完全被粉碎了，因我對剛才那位朋友有極重的負擔，不能再來這酒吧，便代表著我不能再向他傳福音了。我離開酒吧後，便走回車子去。我在車廂後座跪下來禱告神，祈求神能帶領那人相信接受祂自己。忽然，我聽到了敲門窗的聲音，抬頭一看，竟然就是那位男士。於是，我們又談了好幾分鐘，最後他接受了主。透過對我禱告的應允，神顯示了祂怎樣利用「門徒十架」中的六項操練來完成祂自己的旨意。這件事也告訴了我，*若要拯救人的靈魂，我必須先放下自己，並以基督為我力量的來源。*

■ **你傳福音時，是否以基督為力量的來源？試以一次傳福音的經驗為例，說明神怎樣給你合宜的說話和你獲得這些說話的原因。**

____

____

■ **請細閱以下經文：**「我是真葡萄樹，我父是栽培的人。凡屬我不結果子的枝子，祂就剪去；凡結果子的，祂就修理乾淨，使枝子結果子更多。現在你們因我講給你們的道，已經乾淨了。你們要常在我裡面，我也常在你們裡面。枝子若不常在葡萄樹上，自己就不能結果子；你們若不常在我裡面，也是這樣。」（約 15：1-4）

在閱畢以上經文後，請在下列各句中，選出正確的句子來。

□ 結果子是信徒必定要過的生活。

□ 神只要求一部分的信徒結果子。

□ 神會潔淨你，使你結果子更多。

□ 要多結果子，便要住在基督裡。

或許，你會認為傳福音只是某些性格外向的人的責任，而你卻不是個健談或時間充足的人，所以毋需傳福音。你也可能認為傳福音不是自己的強項，因此也不打算向人傳福音。然而，約15：1-4卻說，若我們常在主裡面，我們便能多結果子。經文不是說，只有少數信徒才能結果子，而是所有的信徒都能結果子。基督也會用祂的話來煉淨你，使你結果更多。反過來說，你不能在基督以外結果子，正如我嘗試憑自己的力量來領人歸主，結果就只是一敗塗地。然而，當我願意一生都順服基督的旨意，並讓基督成為我力量的泉源時，我便擁有傳福音的能力。（以上練習，除了第二句外，全都是正確的。）

■ **你曾否藉辭推搪，不去傳福音？ □ 曾　□ 不曾**

嘗試背誦本週金句——約翰福音15：8數遍。這節經文怎樣評論藉辭推搪，不去傳福音的人？

____

____

你也許會這樣回答：按照經文，門徒是必須結果子的。我若是祂的門徒，便沒有任何不傳福音的藉口。

你背誦金句的進度如何？按著我們的進度，現在你應該可以背誦不少的經文了，我相信，這些經文能為你應付不同場合的需要。根據我個人的經驗，背誦經文能助我們面對試探、試煉和作見證。當我受試探時，便會想起很久以前曾背誦過的哥林多前書10：13；聖靈藉著這節經文向我保證，我所受的試探是不會過於我所能承受的，並且神必會為我開一條出路，叫我能忍受得住。此外，每當我受到自己承受不了的試煉時，聖靈都會叫我想起雅各書1：2-3的經文：「我的弟兄們，你們落在百般試煉中，都要以為大喜樂；因為知道你們的信心經過試驗，就生忍耐。」

■ **你現在已來到第五週了，你應該已經背誦了五句金句，也快要學習第六句金句了！這些金句在過去能給你幫助嗎？試在下面空白處概述出來。你也會在下次的小組時間中，分享你的經驗。**

路9：23 ______________________________

約15：5 ______________________________

約8：31-32 ____________________________

約15：7 ______________________________

約13：34-35 ___________________________

今天靈修時，請讀使徒行傳8：36-40，這段經文記載了腓力向埃提阿伯人傳福音的經過，讀畢後，請完成下面的「每日與主相交」。

神向我說甚麼：

____

____

____

____

我向神說甚麼：

____

____

____

____

第3天

耶穌的命令

你也許認為傳福音的工作，乃是耶穌對傳道人、佈道家、或宣教士的期望；你也許認為，耶穌不會要求平信徒為祂結福音的果子。但是你曾讀過的約翰福音十五章並沒有這麼說，相反的，這章聖經清楚指出，*傳福音是耶穌給每個信徒的命令*。

■ **請細閱約翰福音 15：16 ，然後回答下列有關問題。**

「不是你們揀選了我，是我揀選了你們，並且分派你們去結果子，叫你們的果子常存，使你們奉我的名，無論向父求甚麼，祂就賜給你們。」（約 15：16）

耶穌揀選門徒的目的何在？

____

根據耶穌的應許，多結果子的門徒能夠做甚麼？

____

門徒若要終生順服主，便必須過結果子的生活。這種生活並不是門徒眾多生活方式中的一種，而是他們必須要過的生活。耶穌也明明的告訴門徒，祂揀選他們，是要分派他們去結果子，並且要他們的果子常存。此外，主也應許門徒，若他們的果子常存，他們便可奉祂的名向天父祈求，天父也必然答允他們。因此，門徒不單要按天父的心意過每一天，更要按天父的心意禱告。

福音的債

在約翰福音15：27中，耶穌再一次告訴門徒，傳福音、作見證並不是可供選擇的生活方式，而是祂對每位信徒的命令。經文如此說：「你們也要作見證，因為你們從起頭就與我同在。」

■ **耶穌為甚麼一定要門徒作見證？**

耶穌命令門徒為祂作見證，因為他們從起初就與祂同在，並清楚知道救贖真理的內容。

請你在今天靈修時，重讀約翰福音第十五章，讓神告訴你結果子和作見證的重要性。讀畢後，請完成下面的「每日與主相交」

神向我說甚麼：

我向神說甚麼：

雖然你不能像門徒一樣，與道成肉身的耶穌一起過活，但你也能清楚知道救贖真理的內容，並能經歷在主裡的成長。當然，你也可以像門徒一樣，告訴別人基督在你身上的作為，或者根據你自己的經歷，與人分享你所認識的主。

在你學習傳福音，作見證的同時，你可能會問：「我要傳福音，我也知道基督要我成為祂的見證。但我怎曉得當說的話呢？我又怎曉得自己不會因拙口笨舌而令自己難為情呢？」

■ **約翰福音15：4如此說：**「你們要常在我裡面，我也常在你們裡面。枝子若不常在葡萄樹上，自己就不能結果子；你們若不常在我裡面，也是這樣。」**試根據經文，完成下列的句子。**

除非 ______________________，否則我是不能結果子的。

沒有枝子是能靠自己結果子的。枝子不單連於葡萄樹上，它更屬於葡萄樹的一部分。我們往往只留意樹上所結的果子，但卻沒有留意，所有流經枝子、令枝子得以結果的養料和生命力都源自葡萄樹，葡萄樹才是枝子生命的源頭。

基督帶著能力的應許

在你得救後，你便是葡萄樹的一部分。你若不連於葡萄樹，便不能結果子，因此，你必須常常與基督相交。*若你常常與主相交，你就有為主作見證的能力*。我的經驗告訴我，我不可能因自己渴望成功，便能成功地為主作見證。可是，當我把自己的心思、說話，以至一舉一動都交給聖靈管理時，我便能成功地為主作美好的見證。

你還記得以前曾背誦過的約翰福音15：5嗎？根據經文，若你住在基督裡，會發生甚麼事？

____

這節經文並沒有說，你很可能會結果子；也沒有說，只有某些被揀選的信徒才能結果子；而是說，若你住在基督裡，你就能結果子。這是神給一切住在基督裡，以及願意為祂作見證的人寶貴的應許。若你住在祂裡面和專心尋求祂的旨意，你就能多結果子了。

■ **有些甚麼方法能讓你活在基督裡並多結果子？**

□ 透過讀經和背誦經文，讓自己活在神的話語中。

□ 求神帶領你，讓你能按照祂的旨意為祂作見證。

□ 與信徒相交，因為這是我們聽到神的指示和在基督裡得到鼓勵的方法。

□ 每天靈修，聆聽神對你說的話。

■ **以上各項方法中，有哪些方法是你需要多加操練的？請在它們的旁邊加上★號，然後求神助你能更努力地學習這些方法。**

在經過以上的操練後，你對自己的靈修生活有甚麼評價？對我來說，世上並沒有東西可以取代靈修和與神相交的地位。像嗎哪一樣，你不能把今天的靈修留待至明天。同樣，若我每天都完成「每日與主相交」，神就會每天對我說話，而且愈說愈多。一旦困難來到，我就可以翻看神曾在昨天、上週、甚至上月對我所說的話，這些說話每次都能給我新的洞見，讓我能再次肯定自己與神的關係，也能使我的靈甦醒過來。

■ **請完成以下的句子：**

我每天最好的靈修時間是 ____________________

若你現在仍然感到每日與主相交是一件困難的事，請你重溫第四週中的「時間管理要訣」，並用「時間分配表」來為自己的每天或每週作出妥善的安排。

請停下來禱告，求神幫助你，讓你能把工作的優先次序付諸實行，並且有智慧地運用時間，好讓你每天都能有固定的時間與神相交，讓自己能常與葡萄樹結連在一起。

你可以藉著與信徒的相交，或藉著對他們的關懷，以達致住在主裡的目的。舉例來說，你與禱伴一起禱告的時間，便是一個美好的相交時間。

與禱伴分享你的難處，並為你和你的禱伴禱告。在你們結束分享前，請向你的禱伴背誦本週金句 —— 約翰福音 15：8。

甚麼是與人相交呢？正如你在第四週的所學，與人相交就是與他們分享基督在你身上的作為。神也願意用你來引導他們，好叫他們更多認識祂。甚麼是信徒相交呢？正如你向禱伴所作的一樣，信徒相交就是把基督的愛向對方流露出來。除了信徒外，我也請你特別顧念未認識基督的親友，儘量向他們說明基督的救恩，並繼續維持與那位未信主的朋友的友情。

應用「門徒十架」

為了鞏固你的所學，請你在下面空白處，畫出你曾學過的「門徒十架」部分。現在，請你為「門徒十架」畫上左邊的橫木，並在上面寫上「見證」二字。最後，請你在「見證」二字下面寫上相關經節 —— 約 15：8。

第4天 不得不傳

六歲那年，當我的父親還是在沃斯堡（Fort Worth）的西南浸信會神學院讀書時，我便決志信主了。我還記得決志那天，父親正在一個佈道所中主領培靈會，我一邊聽他講，一邊深深感到自己的罪。當時我在想，如果我的腳下是一個可通往地獄的活門，我必定會立即墜進地獄裡去。我既然為自己的罪感到深深的懊悔，於是我趕快沿禮堂的通道走到台前決志。決志後，我感到罪擔全消，十分輕鬆。我更把我決志這事告訴了鄰舍、理髮師，甚至神學院院長。那時，*我真的巴不得把自己所看見的和所聽見的事都告訴別人啊！*

基督為你作了甚麼？

聖經說：「我們所看見所聽見的，不能不說」（徒 4：20）。你曾否經歷過又真又活的基督，以至你不得不告訴別人你看見的和聽見的事嗎？也許，神曾用一種直接、特別和有意義的方法回應你的禱告，使你不得不說：「只有神才能作啊！」也許，神醫治了你在肉身上和感情上的傷口，使你不得不告訴別人祂的作為；也許，神特別的鼓勵你，又或在你有需要時，藉你的一位朋友來安慰你，叫你不得不讚美祂奇妙的作為。雖然我們不是生於耶穌的年代，未能親眼看見祂大能的作為，但我們還可在今天經歷祂的真實，這叫我們不得不告訴別人，我們的神是一位可敬畏的神啊！

■ **你準備好見證神在你身上的作為了嗎？請你在下列各項中圈出最適合的答案：1= 有時，2= 經常，3= 通常，4= 總是。看看**

你是否已準備妥當。完成評估後，請你為自己仍需改善的地方禱告神。

我與非信徒交朋友，好讓自己能有機會向他們傳福音。

1　　2　　3　　4

我與有需要的人禱告，也為有需要的人禱告，我也常常提醒他們，神是關心他們的。

1　　2　　3　　4

我樂意探訪或聯絡初到教會的人，並向他們表示關懷。

1　　2　　3　　4

我向未信的人傳福音，縱使這樣做很可能會受到他們的排斥。

1　　2　　3　　4

若神答應我的禱告，我會立即告訴別人。

1　　2　　3　　4

若你大部分的答案都是「1」，你會否感到尷尬或難堪？其實，與人分享的勇氣是可以通過學習得來的，你將會在第二冊中學習向人講述見證的技巧。

確定你與主的關係

若你要向人傳福音，你必須肯定自己是個已經得救的人，因為只有得救的人才能結果子。你也必須確定自己已經與葡萄樹結連，因為只有這樣，你才能在終生順服主的基礎上，向人流露基督的愛。以下我將會介紹一個講論福音的方法，這方法稱為「羅馬之路」。要學習這方法，你必須先看以下數段出自《羅馬書》的福音信息，然後根據這幾段信息來檢討自己與基督的關係。你可以背誦有關金句，也可以在你的聖經內畫上記號，以方便自己日後使用這些金句來向人傳福音。此外，本課程的第四冊《使命篇》也會教導你另一個講論福音的方法，好讓你能為主作更美好的見證。

羅馬之路

1. 神有保護你的能力

《羅馬書》這麼說：「我不以福音為恥；這福音本是神的大能，要救一切相信的，先是猶太人，後是希利尼人。」(羅1：16) 今天，許多人活著沒有盼望，在面對生活的種種困難時，也缺乏力量和指引。但羅馬書1：16說，基督徒所信的福音乃是神的大能，因此，無論我們遇到甚麼問題，神的能力都能隨時幫助我們。藉著耶穌基督，神拯救與釋放的大能必永遠與信祂的人同在，直到世界的末了。

■ **神的 ____________________ 能時刻保護著你。**

2. 神有改變你的能力

《羅馬書》說：「還是你藐視祂豐富的恩慈、寬容、忍耐，不曉得祂的恩慈是領你悔改呢？」(羅2：4) 由此可見，神有改變人的能力。在聖經中，「改變」的意思便是「悔改」，而「悔改」的意思就是讓神來調校你生命的方向。

■ **神的能力能 ______________________________**

3. 我們必須要從罪中回轉

《羅馬書》如此說：「**因為世人都犯了罪，虧缺了神的榮耀。**」(羅 3：23) 為甚麼人需要改變？為甚麼這個改變必須從耶穌那裡來？聖經告訴我們，每個人都有同樣的限制，這限制可以用很多方法來說明，而聖經則形容這個限制為「罪」。罪的其中一個意思就是「不能達到神為我們定下的標準」。聖經告訴我們，耶穌基督就是神為我們定下的標準，若耶穌現在以人的形像站在我們面前，你能否說你跟祂一樣的完美？而我們不能像基督那般的完美，因為我們有「罪」。由於世人都犯了罪，所以不論我們的道德標準有多高，也不論我們如何千方百計地禁止自己去做壞事，我們始終不能滿足神對我們的要求。

■ **我們必須從 ______________ 。**

4. 神仍然愛你

《羅馬書》說：「**惟有基督在我們還作罪人的時候為我們死，神的愛就在此向我們顯明了。**」(羅5：8) 有些人以為他們既不能達到神的標準，所以神就是他們的敵人了。因為他們既然活不出神要求的樣式，神就必定討厭他們。可是，聖經卻告訴我們，縱然我們罪大惡極，但神仍然深愛我們。

神愛你，不是因祂懶得理你的罪，也不是因祂沒有察覺你的罪，更不是因祂容忍你，對你的罪視而不見。神確實知道你有罪，但祂仍然愛你，甚至讓祂的獨生子為你而死。為了解決你罪的問題，神已做了必須的工作，就是讓祂的兒子死在十字架上，而神也藉此向我們表明了祂長闊高深的大愛。

■ **神仍然 ________ 你。**

5. 罪的工價乃是死，神的恩典卻是永生。

《羅馬書》如此說：「因為罪的工價乃是死；惟有神的恩賜，在我們的主基督耶穌裡，乃是永生。」（羅 6：23）根據聖經，罪的後果實在太嚴重了，是我們所不能忽視的。雖然神不是我們的仇敵，但祂卻是我們的審判官；作為一位審判官，祂不能對你失敗的生活視若無睹。由於罪的工價乃是死，所以你何時犯罪，便何時得到罪的工價。由於世人都犯了罪，所以每個人都要承受永遠的死亡和與神隔絕的痛苦。（參約 3：36；啟 20：11-15）

然而，我們還有轉機。雖然我們的所作所為會為我們帶來死亡，但「神的恩賜，在我們的主基督耶穌裡，乃是永生。」（羅6：23）。耶穌在十字架上替我們死（參彼前3：18），親身擔當了我們的罪，也代替我們被神所審判（參林後5：21；西2：13-14），因此，我們便不再被定罪。按我們所作的，我們只有一死；但按神的恩典，我們卻可得著永生。神把基督作為禮物送給我們，讓我們可以得著永遠的生命和赦罪的平安。

■ **罪的工價乃是 _____ ，但神的恩賜乃是 __________ 。**

6. 認耶穌為主，接納祂在你生命中作王掌權。

《羅馬書》說：「你若口裡認耶穌為主，心裡信神叫祂從死裡復活，就必得救。因為人心裡相信，就可以稱義；口裡承認，就可以得救。因為『凡求告主名的，就必得救。』」（羅 10：9-10，13）

■ **經文指出了接受基督成為救主的條件，你能找出來嗎？找到後，請你在這些條件下畫一道橫線。**

經文中的「認」、「信」和「求」三個字，都扼要地說明了人要怎樣做，才可獲得神救贖的恩典。

在聖經中，「認」的意思是「說同一樣的話」，而「主」則可譯為「統治者」、「上司」或「執政掌權者」。當我們認耶穌為主時，便是在複述神形容祂自己的說話(參賽45：5-7，22-24；腓2：10-11)，並承認祂擁有我們生命的主權。此外，認耶穌為主，也等於承認我們自己有罪，以至達不到神的標準。

■ **認耶穌為主，就是承認耶穌在你的身上有合法的 __________**

7. 悔改就是改變你生命的方向，並且過一個尊主為大的生活。

認耶穌為主就是為自己的罪悔改。當我們接受主在我們身上作王掌權時，我們便要脫離罪中之樂，並開始過順服主、事奉主的生活。這種遠離罪惡、跟隨基督的決定，就是悔改。悔改不單是為自己的過去而懊悔，更是改變個人生命方向，讓生活不再以自己為中心，而是以神為中心的一種行動。(參路3：7-14)

■ **悔改就是改變你生命的 __________ ，並過一個 ____________ 的生活。**

8. 相信神就是把你的生命交給祂。

「相信」的意思就是「信靠」。當你「心裡信神叫祂從死裡復活」(羅10：9)時，便表示你相信耶穌的死與復活能令你得蒙救贖。在得救一事上，我們信的必須是基督的工作，而不是自己的行為。這就如我們看見一座橋時，我們相信這座橋是可以承載我們的。然而，除非我們真的由橋的一端走到另一端，否則，這座橋仍然不曾真的承載過你。同樣，你可能知道了許多關於耶穌的事，但除非你真的把生命交託給祂，讓祂掌管你的一生，否則，你仍不是真的相信祂。簡單來說，相信耶穌就是把你的靈與魂與身子都交託給祂。

■ **相信的意思是把 ____________ 交託給耶穌。**

若你認耶穌為生命的主，樂意信靠祂，並相信得救是本乎恩，你便能靠著求告祂的名而得救。保羅在羅馬書10：13說：「凡求告主名的，就必得救。」原來主向全地的人都發出邀請，凡願意求告祂名的便都能得救。由此看來，得救原來無須任何條件，只需求告主名這麼簡單的一個行動。

9. 求告主的名，就是求祂的赦免與拯救。

祈求神的拯救，便是認祂為主，決意過順服祂和事奉祂生活的表現。而主也應許說：「凡求告祂名的，就必得救。」

■ **求告主名的，就是求主 ________ 和 ________ 。**

若一個人要得救，他要作甚麼？試寫出總括這些行動的三個字。

__________，__________，__________

由開始學習《塑造主生命》第一冊「十架篇」至今，你或許遇上了不少問題，其中最困擾你的，很可能就是如何把自己獻上的問題。某些講及奉獻的書籍往往只會加添人的迷惑，看後只會令你難以確定自己是否已踏出跟隨主的第一步。其實，我們在決志相信耶穌的那一刻，便踏出了這一步。《塑造主生命》的目的，便是為已經接受了耶穌基督為救主的信徒，提供學習跟隨主的機會。若你不能肯定自己是否已踏出了奉獻之路，請你現在就邀請祂進入你的生命中。你可以利用下面簡單的禱告，向神說明你願意奉獻自己的心願：

主耶穌，我需要祢。求祢成為我的救主和生命的主。我知道祢死在十架上，為的就是要救贖我，為我的罪付上贖價。我現在

把自己的生命交託給祢，求祢悅納。感謝祢赦免了我的罪，並賜給我新的生命。又求祢教導我如何作一個基督徒，好叫我的生命能榮耀祢、尊崇祢。阿們。

簽署：____________________ 日期：____________________

你現在雖然接受了基督為你生命的主，但這並不保證你將來不會為捨己、背十架和跟從主等事而有所掙扎。接受主也不等於你不會受試探和不改變你對人、對事的忠誠；更不表示你不會因門徒的代價太大而退縮。「接受主」的意思是：神赦免了你，樂意與你建立永恆的關係，當你願意成為祂的門徒時，祂便會賜下能力和智慧給你，好讓你能跟隨祂。若你決定要把自己奉獻給神，我建議你可以找小組的組長、牧師、教會同工或值得你信賴的信徒傾談，我相信他們一定可以幫助你。

10. 活在盼望中

《羅馬書》說：「聖靈與我們的心同證我們是神的兒女；既是兒女，便是後嗣，就是神的後嗣，和基督同作後嗣。如果我們和祂一同受苦，也必和祂一同得榮耀。因為我深信無論是死、是生、是天使、是掌權的、是有能的、是現在的事、是將來的事、是高處的、是低處的、是別的受造之物，都不能叫我們與神的愛隔絕；這愛是在我們的主基督耶穌裡的。」(羅8：16-17，38-39) 當我們被神拯救後，便成為神的後嗣，聖靈也與我們的心同證我們是神家中的一分子。根據保羅寫《羅馬書》時的羅馬法律，一個被人收養的兒子也可以是那人合法的後嗣，同樣，耶穌天生就是父神的後嗣，而信徒則是神通過收納而得的後嗣。因此，我們與基督同為神的後嗣。

第 38-39 節告訴我們，只要我們在神裡面，便得到永遠的安穩，因為基督已經勝過這世界的轄制和權勢。我們不用再害怕屬血氣和屬靈氣的敵人，因為世上已沒有東西能把我們與基督的愛隔絕。

決志信主後，你就是神的兒女，能在神的愛中得享平安，從此以後，你可以活在盼望之中。

■ **你現在活在 ________________________**

11. 信心 = 為主而活的生命

《羅馬書》如此說：「所以弟兄們，我以神的慈悲勸你們，將身體獻上，當作活祭，是聖潔的，是神所喜悅的；你們如此事奉，乃是理所當然的。不要效法這個世界，只要心意更新而變化，叫你們察驗何為神的善良、純全、可喜悅的旨意。」(羅12：1-2) 當你成為基督徒後，你便開始為主而活。由這天開始，除了你自己外，神也同樣期望你的生命有所改變，甚至期望你學會犧牲。成為信徒後，你的外表和生活方式會漸漸與世人的不同，因神會在你生命中作工，讓你能愈來愈像基督。神不斷改變你的生命，務求使你更像主 (參腓 1：6；2：13)。總言之，當你決心跟隨主，神就會令你的外表和生命都愈來愈像祂的兒子。

■ **信心 = 為 _____________ 而活。**

你就是見證

無論你是初信主的信徒，還是跟從主多年的門徒，你都是基督的見證。也許你非常渴望學會「羅馬之路」，好讓自己能向未信的人講述獲得永生的方法。然而，我建議你首先和小組組長一起，看看他／她怎樣利用「羅馬之路」來向未信的人作見證。

你毋需害怕向未信主的人傳福音。在《塑造主生命》的第二冊「品格篇」中，你便會學習向人講述見證的方法；在第三冊「得勝篇」中，你將會學習利用小冊子領人歸主的技巧；在第四冊「使命篇」中，你更會學習另一種向人講論救恩的方法。那時候，你便能帶領更多人相信和接受主了。

請於今天靈修時，細閱徒16：11-15，這段經文記載了保羅向呂底亞作見證的經過。讀畢後，請完成下面的「每日與主相交」。

神向我說甚麼：

____

____

____

____

我向神說甚麼：

____

____

____

____

請提名為每一位小組組員禱告，求神透過「塑造主生命」這課程賜福給每一位，又求神特別使用剛才你所學的傳福音方法，讓更多人能因此得聞福音。最後，求神幫助你成為組員們的好友。

請繼續背誦本週金句，即是「門徒十架」左面的經文——約翰福音15：8。你可以在一張白紙上，默寫這節金句一至三遍。

第5天

結果子的代價

中學校長艾盧如（John Eluru）正為《耶穌傳》的烏干達版配音，他配音的角色正是耶穌。顧名思義，《耶穌傳》是一齣講述耶穌生平的電影，劇情引人入勝，曾在全球各地帶領了不少人信主。某天，當製作人員把艾盧如和其他工作人員由烏干達的一個村莊送往製片場途中，他們遇上了游擊隊，游擊隊在路上向他們開火，艾盧如不幸被子彈擊中胸膛。

當天晚上，雖然艾盧如已奄奄一息，但他仍催促該電影的技術人員，說：「不要停止錄製，烏干達的人們需要這電影。我已經完成了我的工作，但你們的工作還多的是，請你們不要停止，也不要害怕。」次日早晨，艾盧如便回天家去了。然而，現在每次《耶穌傳》在烏干達上映時，艾盧如所配的耶穌聲音，都會向成千上萬的人講述認識基督的方法。

作基督的門徒必須有所犧牲。要向世人作見證，要結果子，就要付代價。約翰福音15：20-21說：「你們要記念我從前對你們所說的話：『僕人不能大於主人。』他們若逼迫了我，也要逼迫你們；若遵守了我的話，也要遵守你們的話。但他們因我的名，要向你們行這一切的事，因為他們不認識那差我來的。」當你與基督建立關係後，便要忍受逼迫、摒棄和凌辱，而這一切，基督早就因你的緣故忍受過了。

■ **耶穌說：「僕人不能大於主人」（約15：20），這句話對你有甚麼意義？**

受苦的同伴

作為主的門徒，你會和主一樣的被人唾棄。那些無情的、固執的人既然拒絕了主，也必然會拒絕你。相反，當主在地上時，那些接受祂教導的人，也必然會接受你的一言一行。

■ **主曾為你受過怎樣的苦？請細閱下列經文：**

「說話之間，來了許多人。那十二個門徒裡名叫猶大的，走在前頭，就近耶穌，要與祂親嘴。耶穌對他說：『猶大！你用親嘴的暗號賣人子麼？』」(路 22：47-48)

「耶穌離開那裡，來到自己的家鄉；門徒也跟從祂。到了安息日，祂在會堂裡教訓人。眾人聽見，就甚希奇，說：『這人從那裡有這些事呢？所賜給他的是甚麼智慧？他手所作的是何等的異能呢？這不是那木匠麼？不是馬利亞的兒子雅各、約西、猶大、西門的長兄麼？他妹妹們不也是在我們這裡麼？』他們就厭棄祂。」(可 6：1-3)

「從此，祂教訓他們說：『人子必須受許多的苦，被長老、祭司長，和文士棄絕，並且被殺，過三天復活。』」(可 8：31)

試根據以上經文的意思，把經節與有關句子配對起來。

_____ 1. 路 22：47-48	a 權貴的人棄絕祂
_____ 2. 可 6：1-3	b 朋友出賣祂
_____ 3. 可 8：31	c 家鄉的人厭棄祂

以上各種逼迫中，你經歷過哪一種？請在它的旁邊加上★號。

■ 你曾因傳福音而受到逼迫嗎？ □曾 □不曾

若你曾受過逼迫的話，請在下面把你的經歷寫出來。

當你知道你所受的苦，主耶穌其實都早已受過了，你有甚麼反應？

主為我們受了許多的苦，多得無法在這本書內逐一寫出來。你剛才所讀過的經文，如：路加福音22：47-48；馬可福音6：1-3和8：31等，只是其中極少的部分。同樣，*你若要榮耀主，你也同樣會被人棄絕*，這些人可能是你的朋友、家人、鄰舍、同鄉，又或是你所尊重的人。你若處於這樣的景況時，請你不要忘記基督是你受苦的同伴。我相信，每當你想到基督的大愛，你就能得著激勵和能力，並因此能面對各樣的逼迫。（以上配對題的答案是：1-b；2-c；3-a 。）

應用「門徒十架」

你已用了五週的時間來學習「門徒十架」，相信現在你已明白十架左面的橫木正代表著福音的果子。事實上，「門徒十架」本身就是令我們多結果子的因素，因為我們若在「門徒十架」的基礎上好好學習，並把其中所包含的原則實踐出來，我們便能順服主和多結果子。

請你在下列空白處，把「門徒十架」畫出來，並在左面的橫木上寫上「見證」二字，以及相關經節 —— 約15：8。

結果子是門徒的品格之一，為了加強你對這真理的記憶，請你大聲背誦本週金句 —— 約翰福音15：8。你也可向家人或朋友背誦出來。

結果子的秘訣 —— 背金句

雖然我要求你每天背金句，但希望你不會把它視為繁重的工作，又或為了應付功課而作的瑣事。其實，背誦金句可讓你向撒但誇勝、向罪惡誇勝、把人帶到主面前、默想神的話和讓你每天的生活得著指引，而最重要的還是：這是神的命令。

請你嘗試把下列的六項理由背下來。

背聖經的理由

1. 向撒但誇勝

今天靈修時，請讀馬太福音4：1-11，這段經文講述耶穌在曠野受試探的經過，讀畢後，請完成下面的「每日與主相交」。

神向我說甚麼：

____

____

____

____

我向神說甚麼：

____

____

____

____

a.耶穌為我們樹立了榜樣。請讀馬太福音 4：7-10。

b.撒但往往不按聖經原意來引用經文。你不妨把馬太福音4：6和詩篇對比一下：

因祂要為祢吩咐祂的使者，
在祢行的一切道路上保護祢。
他們要用手托著祢，
免得祢的腳碰在石頭上。（詩 91：11-12）

c.神的話是聖靈的寶劍。

少年人用甚麼潔淨他的行為呢？
是要遵行祢的話！
我將祢的話藏在心裡，
免得我得罪祢。（詩 119：9，11）

2. 向罪惡誇勝

請參看詩篇 119：9，11

3. 把人帶到主面前

a.你要常作準備，為你的信仰辯護。「只要心裡尊主基督為聖。有人問你心中盼望的緣由，就要常作準備，以溫柔、敬畏的心回答各人。」（彼前 3：15）

b.無論你在甚麼景況中，聖靈都能提醒你當說的話。「只等真理的聖靈來了，祂要引導你們明白一切的真理；因為祂不是憑自己說的，乃是把祂所聽見的都說出來，並要把將來的事告訴你們。」（約 16：13）

c.明白神的話語能令你放膽為主作見證。「禱告完了，聚會的地方震動，他們就都被聖靈充滿，放膽講論神的道。」（徒4：31）

4. 默想神的話

「惟喜愛耶和華的律法，晝夜思想，這人便為有福！他要像一棵樹栽在溪水旁，按時候結果子，葉子也不枯乾。凡他所作的盡都順利。」（詩1：2-3）

5. 每天生活的指引

「祢的話是我腳前的燈，是我路上的光。」（詩119：105）

6. 這是神的命令

「我今日所吩咐你的話，都要記在心上。」（申6：6）

「當用各樣的智慧，把基督的道理豐豐富富的存在心裡，用詩章、頌詞、靈歌，彼此教導，互相勸戒，心被恩感，歌頌神。」（西3：16）

■ **背誦經文如何幫助你完成以上目標？請舉一例，並加以說明。**

■ **以下是背誦聖經的方法，請在你已用過的方法旁加上★號。**

如何背誦金句

1. 選擇一節能回應你需要的經文，又或根據指定的經文，發掘它能回應你生命上需要之處。

2. 明白有關經文的意思，嘗試配合上下文一起讀，好讓自己不會斷章取義的理解它。你也可嘗試參閱不同的譯本。

3. 你可以以錄音方式把經文記錄下來，方便自己隨時聆聽。錄音時，宜在經節與經節之間留下空間，讓自己有足夠的時間背誦。背誦後，你可以作第二次錄音，看看自己是否能把有關經文背誦過來。

4. 在你的聖經上記下該節金句的位置，又或把該金句畫起來，好讓自己能輕易地找到有關經文的所在。

5. 把經文、經文出處和標題寫在卡紙上，因把經節與題目連起來，能讓你隨時找到對自己有幫助的經文。

6. 把經文寫下來，並放在當眼的位置，讓自己能隨時溫習它們。你可以把經文貼在洗手盆的旁邊、洗手間的鏡子上、佈告板上又或冰箱（雪櫃）上，這樣，你便能時刻溫習這些經文了。

7. 要下決心把經文背誦過來，你可以把一節經文分為多句簡單的、具意義的短句，然後逐句背誦。若你能在開始時便好好用功，讓經文深深記在腦海中，你將來便能有效率地溫習有關經文、勇敢地面對試探，並滿有把握地說服別人相信你的見證。

8. 溫習！溫習！再溫習！就是背誦經文的秘訣。試在六星期內，每天至少學習一節新的經文；然後在之後的六個星期，每週把經文溫習一次；最後，你可以每月溫習一次。

9. 你可以用下列的方法來幫助你的記憶：看一些把與經文有關的圖畫；用自己的方法，把經文唱出來；把經文當作禱詞向神禱告；把經文實踐出來，又或在日常生活中，把經文應用出來。

10. 利用「門徒十架」來幫助記憶。你也可把經文變成你生活中的一部分（參約8：31-32）。

11. 你可以向別人背誦經文，又或把經文默寫出來，然後再核對聖經。

12. 你可以與你的家人、朋友創作一個背誦聖經的遊戲，讓背誦經文變為一件有趣的事。我自己便有這樣的一個遊戲：在小組中，先由一位組員背出經節，然後由另一位組員背出經文。舉例來說：若你說出了約翰福音15：5，另一位組員便要把經文背出來。若另一位組員說出了經節，你便要把經文背出來。

13. 定下每週背誦經文的目標。你的目標是：__________。但請不要把目標定得太高，因為若要在短時間內背誦大量的經文，我們便沒有溫習的時間了。

既然溫習能幫助你的記憶，現在請你重溫本週的金句吧！請在上面各項方法中，選擇一項來背誦本週金句——約翰福音15：8。

若你還沒有好好的溫習經文，請你把這五週中所學到的經文寫在卡片上，並隨身攜帶，好方便自己隨時溫習。

本週有甚麼不同？

■ **重溫在本星期開始時的學習材料「本週與主同行」，若你已完成有關活動，請在該活動前的◇符號內畫一直線。若有未完成的活動，請你繼續完成它。最後，請你想一想如何在小組內，分享你對本週活動的體驗。**

試省思本週的題目：「向世人作見證」

- 你是否已決定與未信主的人交朋友？
- 本週的學習能否幫助你與未信主的朋友建立更有意義的關係？
- 現在你是否已發現以前沒有想過的傳福音機會？
- 你是否決定要使用新的方法來結果子？

我希望本週的學習，能讓你再次*下定決心跟隨主，並繼續學習如何在主裡多結果子，以及過終生順服主的生活*。為了令你的生命更有長進，你必須在主裡誠實地重新立志。重新立志並不是叫你為過往的生活方式而後悔，而是要你抓緊每一個能讓你成長的機會。

第六週

彼此服侍

本週目標

背起十架跟從主，以服侍他人為念。

本週與主同行

你將會通過下列活動來進行作門徒的六項屬靈操練。每當你完成一項活動時，請在有關句子旁的◇符號內畫一直線。

與主同在

◇ 請你在本週內嘗試每天靈修，並在當天的空格內，加上「✓」號。

□主日　□ 週一　□週二　□週三　□週四
□週五　□週六

活在主的話語中

◇ 每天讀經，並寫下神對你說的話和你對神說的話。

◇ 背誦約翰福音 15：13 。

◇ 重溫路加福音 9：23；約翰福音 15：5 ，8：31-32 ，15：7 ，13：34-35 和 15：8 。

信心禱告

◇ 為你的牧師和教會禱告。

◇ 為上一課提及的失喪者和組員禱告。

◇ 利用「時間分配表」來計劃你的時間。又求神帶領你，讓你懂得安排與祂在一起的時間。

信徒相交

◇ 自從你參加「塑造主生命」門訓小組後，神如何在你身上顯出祂奇妙的作為？請分享你的經歷。

向世人作見證

◇ 利用「時間分配表」來安排你的時間。

◇ 嘗試在本週內，為你新認識的那位未信主朋友做點好事，並儘量了解他的需要，然後在小組中分享。

彼此服侍

◇ 學習「門徒十架」餘下的部分，請你參加「門徒成長研習坊」之前，向其他組員分享學習「門徒十架」的心得，並背誦「門徒十架」內的所有經文。

本週背誦金句

「人為朋友捨命，人的愛心沒有比這個大的。」(約 15：13)

第1天

背起十架

我認識一位在中亞洲作救濟工作的朋友，某天，當他正在辦公室埋首工作時，一群村民忽然闖了進來，他們慌張地求他，說：「請你救救那位老人吧！否則他必死無疑！」我朋友工作的地方正被戰火蹂躪，地上滿是地雷。那些人因發現了一位老牧羊人被地雷所傷，所以立時走來求他的幫忙。我的朋友知道發生甚麼事後，便立即決定下一步的行動。他說：「我知道進入地雷區不是一件聰明的事，但我裡面卻聽到神的聲音，祂要我幫助這位有需要的老牧人。」我的朋友後來向我回憶道：「在我走進地雷區後，才發現每個在我後面的人，都一步一步的踏在我的足印上，這時，我才醒覺到自己是多麼的危險。」

我的朋友終於找到了那位受傷的老牧人。他把老牧人帶到大路上，然後截停一輛貨車，請求司機載這個受傷的老牧人到醫院去。可是，擠在貨車上的人，竟沒有一個願意讓出位置來。於是，我的朋友向一位能講英語的人說：「請你替我告訴司機，若他願意載這位老牧人到醫院去，我會給他一倍的酬勞。」那人便把他的話翻譯給司機聽，然後說：「這個基督徒願意為那人付錢，但我們這些回教徒卻甚麼也不作。」就是這句話，令司機不單不收錢，而且還為那位受傷的老牧人找到空位。

我朋友所在的中亞洲國家，是排斥基督教的，但是這個現代版的好撒瑪利亞人故事，卻傳遍了這個國家的各城各鄉，而這個故事還帶著這樣的一個信息：「這是基督徒所做的事，就是他們奉主名而作的事奉。」

基督徒所作的事

當基督活在你生命的中心時，你會怎樣的服侍別人？作為主的門徒，你又會為別人作甚麼事？雖然你未必會像我的朋友一樣，在一個被戰火蹂躪的地方作救濟的工作，但*服侍別人而犧牲自己的機會還多著呢！*

■ **試描述一件你為別人而犧牲自己利益的事？**

____

____

■ **是否有一些服侍別人的機會，是你沒有好好利用的呢？**

____

你很可能認識一些需要你幫忙的朋友；又或你正在作一些因主名的緣故而要犧牲自己利益的事奉。這些事奉並不是只有牧師或傳道人才能作，而是所有信徒都能作的。*當我們跟隨基督，以祂為服侍別人的榜樣時，我們也是牧師、也是傳道人了。*

背起十架

若你要像門徒一樣的服侍人，請溫習你曾背誦過的經文——路加福音 9：23 。耶穌提到了三個作門徒最基本的條件。

請為下列路加福音9：23填上適當的字詞，然後把這節經文背出來。

「若有人要跟從我，就當 __________ ，天天背起他的 ________ 來 ________ 我。」

作門徒三個最基本的條件就是捨己、背起十字架和跟從主。在第一週，通過讓基督在自己生命中居首位的操練，你已明白甚麼是捨己了；在第五週，通過學習向世人作見證和結出福音果子的操練，你已明白甚麼是跟從主和聽從主的命令了。而通過本週的操練，你將會明白甚麼是背起十字架。

對於主耶穌，背十字架的意思是：祂要為世人的罪作挽回祭。對於信徒，背十字架的意思是：甘願為別人的得救而犧牲自己的利益。若你願意背起十字架，你就能與主同工了。

■ **請細閱下列經文：**「我實實在在的告訴你們，一粒麥子不落在地裡死了，仍舊是一粒，若是死了，就結出許多子粒來。」(約12：24) **然後選出耶穌比喻的最佳解釋。**

☐ 1 脱離老我的生活就能開展新的生活。

☐ 2 捨棄自己的生命，就是要孤單地過活。

你必須脱離老我的生活，才能獻己於主。捨己所著重的，乃是從忠於自己到忠於基督的轉變；背起十架所著重的，是與基督一同面對這個世界的決心。捨己和背十字架的第一個結果，便是對自我的重新發現；而第二個結果，就是你對世界的需要有新的看見。（以上問題的答案是1）。

■ **請讀路加福音14：27：**「凡不背著自己十字架跟從我的，也不能作我的門徒。」**根據經文，那些拒絕背起十架的人有甚麼後果？**

若你不願背起十字架，便不能成為主的門徒。若要跟從主，就必須背起你的十字架。

在腓立比書2：8中，保羅解釋了耶穌願意背起十字架的原因：「既有人的樣子，就自己卑微，存心順服，以至於死，且死在十字架上。」按保羅的理解，這是耶穌順服神旨意的結果。從耶穌甘心背起十字架這事來看，我們可以知道十字架的兩個特點：(1) 這是自願的決定。(2) 這是順服的表現。

■ **若你沒有背起十字架，你犯了怎樣的罪呢？**

□ 不順服
□ 不忠心
□ 不相信

不忠心和不相信也許是你不願背起十字架的原因，然而，最主要的原因還是你不願意順服主，因為背起十字架乃是主直接對我們的命令。本週金句 —— 約翰福音15：13 —— 記載了一項耶穌高度評價的事奉，就是：背起十架來服侍別人。

請你現在開始背誦本週金句 —— 約翰福音15：13，背誦時，可大聲把它說出來。根據耶穌所說，門徒能作甚麼來表達祂對世人的愛？

____

耶穌說，祂的門徒必須要服侍別人，縱使他們會因此遇上困難、甚至喪掉生命。

應用「門徒十架」

「門徒十架」最後的這一部分，將會教導你 —— 主的門徒 ——

與世人相處的方法。若你讓基督在心中作王掌權，你便會樂意通過服侍別人而在主裡成長；當你的生命成長時，便會樂於藉著服侍別人來見證主。作為一個門徒，你必須背起十字架，縱然你知道自己會因此遇上重重困難。

請在下面的地球上，畫上「門徒十架」，並藉此說明門徒如何使用福音和見證來得著這個世界，然後再寫下十架不同部分的意義。

請在今天靈修時，細閱路加福音10：26-35。這段經文記載了一位為別人背起十架的人的經歷。讀畢後，請完成下面「每日與主相交」。

神向我說甚麼：

____

____

____

____

我向神說甚麼：

____

____

____

____

第2天 奉主名的事奉

我在擔任印尼浸信會神學院院長時，僱用了一位前印尼陸軍上尉來管理神學院的財產和同工。雖然他信主才六個月，但卻是真心的要把自己奉獻給主。可是，問題不久便出現了，他管理神學院的財產和同工時，活像管理一支軍隊似的。我得在他們中間多次調停，才能避免衝突的發生。

我為此事禱告神，求祂給我指引。最後，我決定背起自己的十字架，負上教導這位軍官的責任。我知道我將會遇上不少的困難，但我告訴自己，我一定要克服這些困難，務求使他成為蒙主悅納的同工。透過聖經，我教導了他忍耐、仁愛和自制等與同工相處的技巧。結果，這位軍官在神學院一直服務了十多年，並且有美好的事奉和見證。

由開始課程到如今，你已接受了六項跟隨主的屬靈操練，通過這六項操練，每個信徒都可以從主裡支取能力，而這能力乃從下列的四種源頭而來：

- 神的話
- 禱告
- 相交
- 作見證

一個成熟的門徒會運用從基督裡支取的能力，奉祂的名來幫助別人，它們通常會在下列的事工中表現出來。

「神的話」帶來的教導／講道事工。
「禱告」帶來的敬拜／代禱事工。
「相交」帶來的牧養事工。
「作見證」帶來的佈道事工。
「相交」和「作見證」帶來的服侍人的事工。

教導／講道事工

教導／講道是你第一個要學習的事工，也許你會想：「我根本毋需學習這東西，因為我既沒有作牧師的呼召，也不懂如何作教導／講道的工作，更遑論以這些事工來事奉神了。」

講道是活在「神的話」中的結果。神當然會呼召某些人成為牧師或佈道家，*但你若常在神話語中，也很可能成為神呼召的對象。即使你從未在一群人面前傳過福音，也可以嘗試參與教導或講道的事奉*，條件是你必須常常活在神的話語中。因為一個多年活在神話語中的人，一定對神的話有所領受，也定必有機會向人分享神對他所說的話。

■ **請回想前面陸軍上尉的故事。在這故事中，我如何運用神的話來作教導／講道的事工呢？**

____

____

我運用神的話來教導那位上尉，告訴他神希望他怎樣與同工們相處。我與他分享忍耐、仁愛和自制等聖靈的果子，幫助他建立榮耀主的工作態度。

■ **為了讓你能更明白如何在教導／講道的事工上應用神的話，你可以翻閱聖經，看看教導的重要性，然後再把有關經文與說明文字配對起來。**

____ 1. 伯 36：22	a. 神是一位教導的神，許多先知也兼任教師的工作，如撒母耳就是一個好例子。
____ 2. 太 28：19	b. 父母有責任告訴兒女神大能的作為，以及教導他們神的命令。
____ 3. 弗 6：4	c. 耶穌以教導為祂最主要的工作，在大使命中，祂命令跟從祂的人要使萬民都作祂的門徒，並教導他們遵守祂的教訓。
____ 4. 提前 5：17	d. 哪裡有新的教會成立，那裡便有基督徒教師。

若要向普天下的人傳揚福音，或要向人說明救贖的真理，信徒必須首先明白福音的內容。信徒可以透過講台事奉、主日學的教導、門訓小組或一對一的栽培等，來參與教導或講道的事奉。(以上配對題的答案是：1-a；2-c；3-b；4-d 。)

■ **試列舉在教導或講道的事奉中，可以運用「神的話」的地方。**

____

____

神若還沒有給你指示，告訴你事奉的方向，請你不要灰心，因為我們尋求神指引的目的，就是開放自己，好讓我們能時常更新事奉的方向。

背誦經文能助你得心應手地運用神的話，若你能把神的話藏在心裡，便能在傳福音和給別人指引或鼓勵時，隨時運用有關的經文，叫人得著幫助。

現在相信你已經能背誦本課程所指定的六句金句，並作好了背誦第七句金句的準備。請你在一張白紙上，默寫你曾背誦過的六句金句，看看你是否能準確無誤地把它們背默出來。

你若未能完全背誦這六句金句，請你翻閱第五週「背經之路」，看看它能否給你幫助。

請繼續背誦本週金句 —— 約翰福音 15：13。你可以大聲把它誦讀一至三遍，也可以向一位家人或常見的朋友背誦出來。

敬拜／代禱事工

你會繼續學習以下用粗體字所標示出來的事工。

「神的話」帶來的教導／講道事工。
「禱告」帶來的敬拜／代禱事工。
「相交」帶來的牧養事工。
「作見證」帶來的佈道事工。
「相交」和「作見證」帶來的服侍人的事工。

你愈多禱告，便愈多敬拜。禱告是在神面前的事奉（見代上23：13），它要求我們在神面前屈膝，以讚美、尊崇和奉獻的心態來敬拜祂。禱告讓我們與神建立更親密的關係；代禱則能透過把人的需要帶到神面前的方式來服侍別人。

敬拜可以是個人靈修時的私禱，也可以是在教會內與信徒一起的相交。整家教會一起敬拜神可追溯至使徒時代。使徒行傳2：42，46這麼說：「都恆心遵守使徒的教訓，彼此交接，擘餅、祈禱。他們天天同心合意恆切的在殿裡，且在家中擘餅，存著歡喜、誠實的心用飯。」

你可能會這樣想：「我既不是傳道人，也不是教會的同工，如何能夠帶領敬拜的聚會呢？」其實，敬拜的焦點是你與神的關係，因此，縱然你未曾帶領過敬拜，你仍可藉參加敬拜的聚會來事奉神，因神一直等待著你來敬拜祂。敬拜不單是你榮耀神的方法，也是神創造你和拯救你的原因（參彼前2：9）。早期教會並沒有把敬拜交給專業人士負責，反而把敬拜公開的交給每一位信徒。因此，每個人都有敬拜神的責任，不論是帶領敬拜還是參加敬拜。此外，我們也可通過家庭崇拜來服侍我們的家人。申命記6：6-9便有以下的話：「我今日所吩咐你的話，都要記在心上，也要殷勤教訓你的兒女。無論你坐在家裡，行在路上，躺下，起來，都要談論。也要繫在手上為記號，戴在額上為經文；又要寫在你房屋的門框上，並你的城門上。」

正如你在第四週的所學，代禱乃是把人和世界的需要帶到神面前的事奉，也是改變人和教會的方法。時刻留意別人的需要，並牢記這些需要，你便能成為一位出色的代禱者。

■ **你認為神會怎樣要求你在敬拜或代禱的事工上，運用禱告的恩賜呢？**

____

____

你可以先為那些在世界各地傳揚福音的信徒禱告，求主幫助他們有傳福音和領人歸主的智慧。你也可成為他們的「禱告夥伴」，讓他們知道你正在為他們禱告，並讓他們倚靠你的禱告。你也可以把你的牧師和其他同工的名字加在「禱告簿」中，好提醒自己要常常為他們禱告。

在成為宣教士之前，我已聽到不少宣教士說，他們最大的需要不是金錢，而是禱告。因此，我在成為宣教士前，便對神許下承諾，要儘量徵求「禱伴」，好讓祂能作我這個準宣教士不能作的事。過了不久，我已徵求了二千名「禱伴」，他們每天都會為我禱告。數年後，「禱伴」的人數更增加至六千，而我每月也會寫給他們最新的代禱事項，以及通知他們神應允了的事項。我也相信，神在印尼的工作，正是祂對我們禱告的回應。你也不妨想想，若你和其他弟兄姊妹能不斷的為牧師和同工們禱告，神又可透過他們成就怎樣的大事？

請你現在停下來，提名為你的牧師和同工禱告。也請你為在教會中弟兄姊妹禱告，特別是那些參與教導、禱告、差傳、關顧、宣教、聖樂等事奉的弟兄姊妹，求神賜福給他們。你也可以求神幫助你，讓你懂得如何支持他們，並向他們表達你對他們的關心。

請在今天靈修時，細閱約翰福音17：6-19。求神藉著這段耶穌為門徒代禱的經文來向你說話。讀畢後，請完成下面的「每日與主相交」。

神向我說甚麼：

我向神說甚麼：

第3天 更多的事奉

昨天你已學習了兩種不同的事工，今天你將會學習第三種事工，也就是下列以粗體字標示出來的事工：

「神的話」帶來的教導／講道事工。
「禱告」帶來的敬拜／代禱事工。
「相交」帶來的牧養事工。
「作見證」帶來的佈道事工。
「相交」和「作見證」帶來的服侍人的事工。

牧養事工

與信徒相交的結果，就是牧養事工的開展，按著我們身體的正常發展，我們到了某個階段，便會渴望生兒育女。同樣，成長的屬靈生命也必然為我們帶來屬靈的嬰孩，我們也因此必須照顧這些屬靈的嬰孩，好讓他們長大成人。神把輔導和訓練的恩賜給了某些信徒，好讓在不同成長階段的信徒都能得到餵養。在聖經內，牧養的例子可謂比比皆是。例如耶穌看見了西門的潛質，便幫助他成為磐石「彼得」。聖經說：「他們吃完了早飯，耶穌對西門．彼得說：『約翰的兒子西門，你愛我比這些更深麼？』彼得說：『主啊，是的，祢知道我愛祢。』耶穌對他說：『你餵養我的小羊。』耶穌第二次又對他說：『約翰的兒子西門，你愛我麼？』彼得說：『主啊，是的，祢知道我愛祢。』耶穌說：『你牧養我的羊。』第三次對他說：『約翰的兒子西門，你愛我麼？』彼得因為耶穌第三次對他說『你愛我麼』，就憂愁，對耶穌說：『主啊，祢是無所不知的；祢知道我愛祢。』耶穌說：『你餵養我的羊。』」（約 21：15-17）。巴拿巴也曾鼓勵馬可，幫助他成長，馬可後來也成為聖經的作者之一。讓我們由今天起，好好學習相交的功課，好讓神能向我們更多的啟示祂自己。

牧養的事工包括：

□ 輔導剛決志的信徒。

□ 幫助初信者明白在基督裡的真理。

□ 帶領門訓小組，讓組員明白跟從主的意思。

□ 在理事會中事奉，發掘信徒的潛質，並推薦這些有潛質的信徒作更多的事奉。

□ 訓練信徒領袖。

□ 教導信徒傳福音。

□ 在人際關係上給別人適切的指導。

要推行以上的事工，導師們需要以身作則，正如主為門徒所作的一樣。此外，信徒也要樹立榜樣，好讓世人也能明白基督的樣式。

■ **在上列各項中，請找出你曾參與的事奉，並在你認為神希望你參與的事奉項目旁，加上★號。**

你還記得門徒的定義嗎？試讀出下列門徒或門徒訓練的定義。

門徒訓練就是與耶穌基督建立一個個人的、終生的、順服的關係。在這關係裡，基督會把你的性格變得像祂；會把你的價值觀變為天國的價值觀；以及會把你放進祂的計劃裡，讓你在家庭、教會和世界中履行祂的大使命。

我們作門徒的，除了完成大使命的責任外，也*必須引導他人學習順從主，幫助他們與主建立深入的關係，直至他們模成主的形像，並且在差傳事工上有分。*

在學習「塑造主生命」期間，你有沒有成為他人的榜樣？有沒有聽見人對你說：「自從上課以來，你便不斷的轉變」？若有的話，這很可能是因你愈來愈明白何謂跟隨基督。如果弟兄姊妹發現你改變了，很可能是因他們看見你與信徒相交之中，不忘牧養的職責；倘若你的家人發現你改變了，很可能是因他們看見你每天都在靈修。無論你怎樣的改變，我都希望這些改變能為你帶來新的思想和行為，好叫世人發現你得著因信而來的改變。

不論是否有人發現你生命的改變，你也可以告訴別人，「塑造主生命」給你的幫助。

佈道事工

下列以粗體字標示出來的項目，便是你要學習的第四種事工。

「神的話」帶來的教導／講道事工。
「禱告」帶來的敬拜／代禱事工。
「相交」帶來的牧養事工。
「作見證」帶來的佈道事工。
「相交」和「作見證」帶來的服侍人的事工。

著名神學家慕迪曾經這樣的立志：每天都要向人作見證。他對自己的決定非常認真，即使已經就寢，若發現當天還沒有向人作見證，他也會立即起床，出去告訴別人基督的作為。這個作見證的能力，正是我們過門徒生活時，必須擁有的能力。很多信徒都不認為作見證是一種能力，可是，世上還有甚麼力量，能比見證(特別是得救的見證)更激勵人心？為了能更有效地作見證，我們便發展了佈道的事工，以及各式各樣的佈道方法，包括福音電影、關係式佈道、福音小冊子、佈道團等等。*這些佈道方法的基礎便是個人佈道。*

傳福音就是把主耶穌救贖我們的好消息宣講出去。傳福音不單是聖靈叫世人回轉的方法，也是耶穌用來讓世人認識祂自己的方法。作為一位門徒，你不單有叫人回轉的責任，更有讓人認識基督的責任。換言之，你不能單單因別人回轉而滿足，你還應把基督的一切告訴他，讓神在一切的事上得著榮耀。

■ **請讀主給你的大使命：**「所以你們要去，使萬民作我的門徒，奉父、子、聖靈的名，給他們施浸。」(太28：19) **。根據經文，你認為自己在佈道的事情上，有甚麼責任？**

大使命不單要求你為主作見證，也要求你與人分享神對你的愛。

你可能會想：「我怎可能向人作見證？我不是慕迪，也不是葛培理，更沒有電視佈道家那種一呼百應的恩賜」。然而，你可以留意到的，就是慕迪成為佈道家之前，他也只不過是一對一的向人作見證而已。因此，只要你在個人佈道的事上多下苦工，說不定將來神也要大大的使用你。

請你在下面空白處，寫下約翰福音15：13。也請你想想，若一個人願意為朋友捨命，他可有怎樣的見證？

____

____

你也許會說，那個願意為朋友捨命的人，必然會告訴他的朋友，他已有了主所賜的永生，所以無懼死亡。

你可以用下列各種的方式，來參與佈道的事奉。

□ 生活方式——過分別為聖的生活，藉此吸引人的注意，好製造傳福音的機會。

□ 小組佈道——參與一些興趣小組，向小組的成員傳福音。

□ 教會佈道——透過探訪、問卷調查，或其他的活動，務求教會中的每個人都能聽聞福音。

□ 信徒奮興——協助你的教會，邀請信徒參加在教會或其他地方舉行的培靈會。

□ 差傳事奉——你可以奉獻自己成為一個全職、短期或帶職的宣教士，進入其他文化圈子中去，將福音告訴那些人。當然，你也可透過金錢奉獻或代禱的方法，支持差傳的事工。

□ 其他：________________________________

■ **在上列各項中，請找出你曾參與的事奉，並在你認為神希望你參與的事奉項目旁，加上★號。**

直至現在，你也許還不清楚神要你如何在佈道的事工上事奉主。上面的練習，正是讓你好好的思考，如何運用門徒所能支取的能力來事奉祂的機會。

應用「門徒十架」

請你再次在下面的地球上畫上「門徒十架」，然後在四條木條的末端畫上箭頭。最後在這些箭頭之外，寫上與「門徒十架」相應的事奉：

在十架的下面寫上「教導／講道」。
在十架的上面寫上「敬拜／代禱」。
在十架的右面寫上「牧養」。
在十架的左面寫上「佈道」。

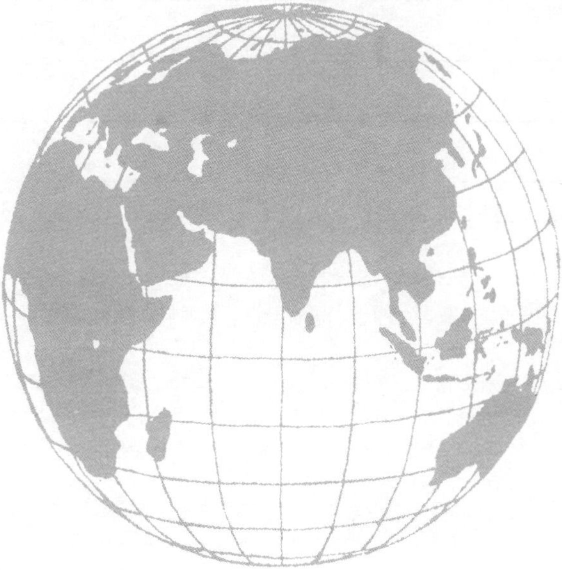

請你在今天靈修時，讀提摩太前書6：11-21，這段經文記載著保羅勸勉提摩太的話，求神藉這段經文向你說話。讀畢後，請完成下面的「每日與主相交」。

神向我說甚麼：

____

____

____

____

我向神說甚麼：

____

____

____

____

第4天

基督的要求

耶穌沒有把門徒的將來描繪得一片光明，相反的，祂在離世前告訴門徒，跟隨祂就必須付上代價，祂也早知背十架的痛苦與悲哀。約翰福音15：18更指出：「**世人若恨你們，你們知道，恨你們以先，已經恨我了。**」由於門徒要跟隨主，要為主作見證，因此整個世界都會恨他們。多少時候，我們巴不得都跳過這類的經文，因為這些經文告訴我們跟隨主是艱難的。一位阿根廷牧師對「跟隨主」有以下的感想：

「聖經裡的福音是神國的福音，這福音把耶穌描繪為君王、生命的主，和最高權威的擁有者。這即是說，耶穌就是中心，神國的福音就是以耶穌為中心的福音。

但在最近的幾個世紀，我們卻聽到另一種福音——以人為中心的福音、屬人的福音。這是大平賣的福音、熱賣的福音、叫人無可抗拒的廉價福音。……我們告訴人：『你若相信耶穌，便會有喜樂、平安、健康、財富……；你若給主十元，祂便會給你二十元。』……我們不惜一切去迎合人的喜好，於是，耶穌就是為『我』而來的救主、醫治者和君王，而『我』亦因此變成了福音的中心。

我們選擇了自己喜歡的經文，就是那些帶著應許的經文，就如約翰福音3：16，和5：24等，並且為這些經文製造了一套系統神學，可是，我們卻忘記了其他記載基督對我們有所要求的經文……我們怎可單單接受基督其中的一面？……沒錯，祂是我們的救主，是我們的醫治者，但我們卻不可把基督分割成不同的部分，然後只相信我們喜歡的那部分。」

我們不能只接受自己喜歡的那部分基督，而拒絕不喜歡的另一部分；我們必須接受整個的基督。

■ **基督給門徒的命令中，有哪些是你一直忽略的？試列出來。**

作好被拒絕的準備

真實的信徒生活是：*當我們一心藉著服侍別人來滿足基督對我們的要求時，我們便會遭到拒絕*。舉例來說，當你要向未信主的朋友傳福音時，他會立時的拒絕你，又或會故意逃避你。許多時候，我們在剛開始傳福音時，便會遭受強烈的反對，或者會遇上對福音不感興趣，甚至不願聽到任何關於基督的事的人。

我的一位非基督徒鄰舍參加了教會壘球隊，由於我也在隊中，彼此見面的機會便多了，我們更在短時間內即成為要好的朋友。這時，我嘗試技巧地向他傳福音，可惜，我察覺到他對福音不感興趣。後來，更發現他對我的見證原來一點也不在乎，我為此事難過了好一陣子。

有一天，當我準備到海外去主領「塑造主生命」小組時，感到神在催迫我，要我在離開之先，探訪那位鄰舍。那天晚上，我與妻子一起去探訪他，並且帶領他接受了基督。與他的友誼和一直以來對他友好的關懷，終於讓我有作見證的機會。我也慶幸自己沒有因早前的被拒而放棄對他傳福音。

請在本週內，為你上週所結織的未信主朋友做點好事，並儘量了解他的需要，然後在小組中分享出來。

神同在的應許

主警告過門徒會有被拒絕的可能後，隨即向他們展示另一幅圖畫，藉以鼓勵他們要熱心傳揚福音，而毋需理會前頭的艱難。主的話記載在約翰福音15：26-27說：「但我要從父那裡差保惠師來，就是從父出來真理的聖靈；祂來了，就要為我作見證。你們也要作見證，因為你們從起頭就與我同在。」主再一次向門徒保證，他們傳福音時，聖靈必定會幫助他們，祂自己也不會置他們於不顧，反而會供給他們一切的需用。此外，聖靈也會指引他們，讓他們曉得如何服侍他人。

二千年後，主耶穌也向你發出同樣的命令和作出同樣的應許。祂差派你到憎恨你的人中間，要你服侍他們，但祂並沒有撇下你，不給你任何的需用，相反的，祂已把聖靈的力量賜給你，讓你更剛強勇敢。

請為上次開會時提及的未信者禱告。你該已把他們的名字記在「禱告簿」或其他地方上。若你還沒有記下他們的名字，請在下次小組時寫上。也請你繼續為組員們禱告，求神幫助他們活出基督的樣式，並成為別人的榜樣。

服侍人的事工

服侍他人會否是神對你的呼召？*其實，見證和相交也可以是服侍人的方式*。這兩種方式更構成了你要學習的第五項事工。

「神的話」帶來的教導／講道事工。
「禱告」帶來的敬拜／代禱事工。
「相交」帶來的牧養事工。
「作見證」帶來的佈道事工。
「相交」和「作見證」帶來的服侍人的事工。

約翰福音15：13說：「人為朋友捨命，人的愛心沒有比這個大的。」你也可以像基督一樣，參與服侍人的工作。

應用「門徒十架」

跟第三天一樣，請你在下面畫上「門徒十架」。首先請在四條木條的末端畫上箭頭，然後在這些箭頭之外，寫上「門徒十架」各項相關的事奉。最後在十架橫木之上，寫上「服侍」和約15：13。當你寫出十架不同木條所象徵的原則、事奉和相關的經節後，請大聲解釋「門徒十架」，也請你把所有寫在十架上的經文大聲誦讀出來。

■ 在結束本課之前，我們會利用「門徒成長研習坊」來檢討你的進度。在這個研習坊內，你將會重溫過去的所學，並為《塑造主生命》第二冊「品格篇」作出準備。在開始研習坊前，請你先向一位組員分享你學習「門徒十架」後的心得。

作門徒的意思

以下給你介紹一個簡單的方法，讓你緊記本書所學的一切，這個方法就是靠一、二、三、四、五、六來總結門徒的意思：

一位生命的主

- 十架的中心代表著與主在一起的生活。

二種關係

- 十架的垂直（縱）木條代表著你與神的關係。
- 十架的水平（橫）木條代表著你與人的關係。

三個行動

- 捨己
- 背起十架
- 跟從主

四種讓你以主為中心的能力

- 神的話
- 禱告
- 相交
- 見證

五項由四種能力而來的事工

- 教導／講道
- 敬拜／代禱
- 牧養
- 佈道
- 服侍人

六項作門徒的操練

- 與主同在
- 活在主的話語中
- 信心禱告
- 信徒相交
- 向世人作見證
- 彼此服侍

■ **為了加強你對一、二、三、四、五、六的記憶，請完成下列的填充題：**

基督的門徒應具有：

一位 ____________________

二種關係：____________________

三個行動：____________________

____

四種能力：____________________

____

五項事工：

六項操練：

請你今天靈修時，再讀一遍約翰福音第15章，特別要注意神如何向你論及服侍人的真理。讀畢後，請完成下面的「每日與主相交」。

神向我説甚麼：

我向神説甚麼：

每天靈修有否改變你的生活？你有沒有為別人代禱？你有沒有從主那裡得著能力？靈修有否令你的屬靈生命提升至更高的層次？若你對以上問題的答案是「有」的話，請你在這兒加上一個「★」號：________

相信你已在《塑造主生命》第一冊「十架篇」中，學到了不少的東西，包括背誦七句金句和學習「門徒十架」。雖然它們花了你不少的時間，但我希望你會認為這些時間是值得的。我也希望「時間管理要訣」能助你更有效的運用時間和有更多為主作工的空間。我更希望你能常常利用「時間分配表」，好讓你做事更有效率和規律。

請你停下來禱告，求神在如何運用時間上繼續帶領你，又求神給你智慧，讓你更能掌握「時間分配表」的用法。當然，你們也可以互相分享運用「時間分配表」的心得。

本週有甚麼不同？

- **重溫在本星期開始時的學習材料「本週與主同行」，若你已完成有關活動，請在該活動前的◇符號內畫一直線。若有未完成的活動，請你繼續完成它。最後，請你想一想你會如何在小組內，分享「門徒成長研習坊」給你的啟迪。**

第5天

真正的門徒

在1983年，我經過多番的努力，才能進入肯尼亞這個國家，在那兒帶領「塑造主生命」門訓課程。四年前，當共產政府搶奪了埃塞俄比亞的統治權後，便禁止了教會崇拜。他們也規定，若沒有許可證，任何時間都不能有超過五個人的聚會，而且共產政府根本就不會為基督徒發出許可證。在訓練課程中，我遇到了一位埃塞俄比亞的基督徒，他告訴我，他教會的八百位會友，不少都因共產政府的壓迫而面臨信仰崩潰的危機。

「*我和另外七位信徒因此決定繼續教會的工作。*」他們去找獸醫宣教士巴蘇爾（Jerry Bedsole）。由於巴蘇爾能夠照顧皇宮內的動物，才被獲准留在埃塞俄比亞。巴蘇爾知道他們的心意後，便秘密地在自己的家中，用《塑造主生命》來訓練他們。之後，這七個人每人訓練四個人。他說：「每個星期，我們都不能在同一時間和地點聚會，也不可能攜帶聖經。禱告時，我們不但要睜開雙眼，也得讓禱告好像對話似的，否則我們便會被發現。」

由於埃塞俄比亞信徒恐怕共產政府沒收聖經，所以他們決定每人把一部分的聖經背下來，待將來需要時可以把聖經重新整合起來。那位信徒告訴我：「我正在背誦福音書的其中一卷呢！」

他又說：「我們知道自己將要被拘禁。事實上，我們中間也已有不少人被收在監裡了，你知道嗎？我們一旦被收在監裡，政府便再不能對付我們了！好些信徒在監裡帶領了不少人信主啊！政府知悉後，恨不得急急的把我們攆出來。」後來，我這位朋友開始了地下訓練的工作，他走遍全國170個地方訓練門徒。

數年後，共產政府被推翻了，我這位朋友再次來到肯尼亞，我也剛巧回到那裡去。這位不向強權屈服的信徒仍舊為主大發熱心——只是這個時候再沒有政府打壓他了。他告訴我，埃塞俄比亞教會正準備購買十萬套《塑造主生命》來訓練當地的信徒，好裝備他們成為主的門徒。

這位信徒的經歷告訴我，*人的盡頭就是神的開始*。因此，我們必須常常調整自己的生命，好讓我們能時刻順服神的帶領。

■ **若沒有教會可讓你去敬拜神，你會怎辦？若你不能唱詩讚美神，你會怎辦？若政府搶去你的聖經，又禁止你傳福音，你會怎辦？在這些情況下，你還有甚麼辦法可連於葡萄樹？**

我希望你能透過《塑造主生命》第一冊「十架篇」的學習，發現與神保持關係的重要性，並因此願意背起十字架來順服主的帶領。

應用「門徒十架」

對於那些學習過「門徒十架」和掌握了其中概念的人來説，「門徒十架」可以是講章的根據、相交的基礎和傳福音的內容。但我認為*「門徒十架」對你應有深一層的意義，因它正代表著你與神的關係，也是你成為門徒的基礎*。我又希望經過數星期的學習後，「門徒十架」能夠成為你生命中不可或缺的東西，因為它也代表著你生命的方向。最後，我更希望「與主同在」、「活在主的話語中」、「信心禱告」、「信徒相交」、「向世人作見證」，以及「彼此服侍」這六項屬靈的操練，能成為你每天活在主裡的秘訣。

若「門徒十架」是你生命的一部分，你會：

☐ 對作門徒的六項屬靈操練有所認識。

☐ 藉六項屬靈的操練來與基督建立更親密的關係。

☐ 以「門徒十架」為標準，時刻提醒自己及其他信徒跟隨基督的代價。

☐ 透過這六項操練來學習順服主，因此獲得面對問題的勇氣和智慧。

☐ 幫助其他信徒活在基督裡，又多結果子來榮耀祂。

門徒訓練的目標，就是提摩太後書2：21所說的：「*人若自潔，脫離卑賤的事，就必作貴重的器皿，成為聖潔，合乎主用，預備行各樣的善事。*」若你能成為聖潔的器皿、掌握自己的生命、預備自己被主所用、並且接受「門徒十架」給你的操練，你的生命必定是平衡而豐盛的。

■ **「門徒十架」所象徵的不同意義，正是幫助你成為門徒的秘訣。請你現在重溫這些意義，在使你獲益良多的方法旁加上「✓」號，又在你想繼續學習或改進的方法旁加上「★」號。**

本課程以一個十字架來表達了作門徒所要接受的六項屬靈操練，同樣，你也可以透過其他物件或方法來表達這些項目，達致加強記憶的效果。請你現在想想其他可以表達這些項目的物件，它們可以是一輛車、一棵樹、一座山、一幢建築物、一個雪糕筒，或其他的東西。你也許認為自己沒有藝術細胞，所以不能利用其他物件來表達這些項目。其實，你毋需介意最後的製成品是否美麗，只要你的作品能把六項的屬靈操練表達出來，你的創作便是成功的！

請在下面空白處，繪上你認為可以表達六項屬靈操練的東西，然後寫上相關的經節。若下面的空間不夠，你可把圖案另行繪在白紙上。完成後，請你把白紙夾在本頁內，並作好準備，於「門徒成長研習坊」中向組員解釋有關圖畫。

今天靈修時，請讀提摩太後書第二章，讀畢後，請完成下面的「每日與主相交」。

神向我説甚麼：

____

____

____

____

我向神説甚麼：

____

____

____

____

你與基督的關係怎樣？

你裝備好成為主的門徒嗎？在本課之後的「門徒成長研習坊」能幫助你找出答案。在你參加「研習坊」之先，請你先用「門徒生命評估表」（見243頁）來檢討自己的生活。該評估表的問題以門徒生活的特徵為基礎，務求能準確地反映你屬靈生命的狀況。雖然這個評估表能藉著你的行為和態度的表現，反映你屬靈生命的狀況，但你仍必須問自己：我與主的關係怎樣？我是否與終生順服主這目標還有一段距離？神是否已能把我的價值觀改為天國的價值觀？

在你參加過「門徒成長研習坊」後，你便會為自己找到以上問題的答案。現在，你也許會發現自己在某些地方上仍需努力，才能改進自己與主的關係。在第四冊時，我們將會為你安排多一次的評估，讓你看看自己是否有所長進。

恭喜你！你已完成了《塑造主生命》第一冊「十架篇」。我希望你能從今天開始，積極學習跟隨基督的功課。由於我們才剛剛踏出成聖的第一步，所以我鼓勵你們繼續學習《塑造主生命》第二冊之「品格篇」。你若要終生跟隨主，並順服祂的帶領，你就必須在既有的基礎上，再作進一步的學習。

門徒十架

「門徒十架」為《塑造主生命》第一冊課程的學習焦點。它可讓你明白作門徒的意義與責任。

下面的指引，能助你一步一步的把「門徒十架」的意義講解出來。由現在開始，你每星期都會學到「門徒十架」中的一部分，以及與之相關的經文。而循序漸進的學習和不時的重溫，正是你理解第239頁「十架圖」的先決條件。然而，你現在無須把「門徒十架」的意義逐一背下來，因為你將會學習如何以自己的説話來解釋門徒十架。當你閱讀下去時，請不要被一大堆的資料所嚇倒，因為你將會在每週一點一點的學習它們，直至課程的結束。這時，你便可以完完全全的解釋整個十架，以及背誦所有相關的經文。

當你向人解釋「門徒十架」時，最好利用一張白紙，逐部畫出你所要講解的部分。下面便是一個可供參考的講解方式（括號內的文字可指示你要繪畫的部分）：

基督的門徒就是以基督為生命之主的人（引用路加福音9：23，在紙張右上角寫出聖經章節及三個行動，即捨己、十字架、跟從），作門徒的第一個行動就是捨己。捨己的意思不是否認自己的身分，而是放棄自我中心的生活。要學習捨己，你就得接受以下六項的操練。

一・與主同在

（在紙張的中央畫一個圓圈。）這空心圓圈代表你的生命，它意味著你要為基督捨棄一切。因為若不捨己，便不能作主的門徒。因此，當你專心仰望基督，祂便會完完全全的充滿你（在圓圈內寫上「基督」二字）。這樣，基督便會在你生命中居首位。換言之，在基督裡的生命就是讓基督在你裡面活著。

（在「基督」兩個字下面寫上約15：5。）如果你不在基督裡，你可以做些甚麼？甚麼也不能！基督說，祂是葡萄樹，我們是枝子；枝子是葡萄樹的一部分，你是基督的一部分，基督要藉你來活出祂的生命，這是你渴望活出的生命嗎？

路9：23
捨己
十字架
跟從

基督
（約15：5）

除了捨己外，你還要背起十字架。門徒十架正好表達了基督賜給我們，讓我們能活在祂裡面的原因。（請在圓圈的周圍畫上木條。）

二·活在主的話語中

要有基督的生命就要把祂的話藏在心裡。（在十架下方的木條上，寫上「神的話」和約8：31-32。）神的話是你的靈糧，若我們沒有神話語的供應，我們的生活便不能有基督的樣式。你可以用以下的方法來領受神的話：聽道、讀經、查經、背誦聖經、默想聖經和應用聖經。若基督是你生命的主，你便需要經常研讀、默想和應用神的話。

三·信心禱告

若你活在基督裡，與基督結連在一起，你就必然會有信心的禱告。（在十架上方的木條上，寫上「禱告」二字和約15：7。你可以一邊講解，一邊指著基督、神的話、禱告等詞語。）你若常在基督裡，祂的話也就常在你裡面，你向祂祈求的，祂就給你成就。十架的垂直木條上寫著「神的話」與「禱告」，它正是你與神關係的象徵，因禱告和讀神的話，正是你與神相交、神與你相交的基本方法。

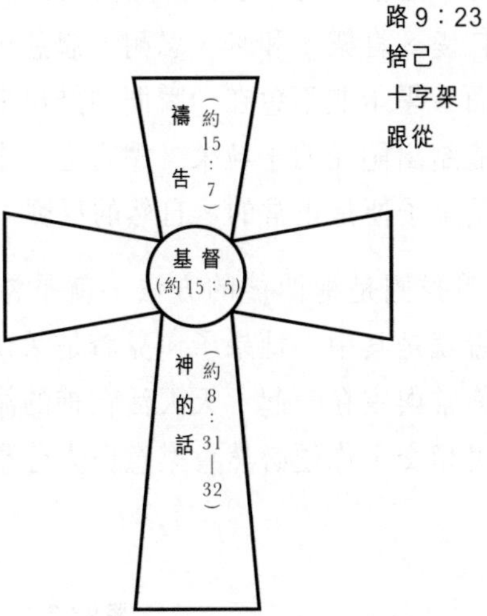

四・信徒相交

活在基督裡就是與弟兄姊妹相交的意思。（在右邊木條寫上「相交」二字和約13：34-35。）因為相交的生活，正好告訴世人我們是主的門徒，而神也為我們預備了一處最理想的成長地方——祂的教會。教會並不是一座建築物或一個組織（雖然它也有這些用途），而是受浸信徒的身體。這個身體以服侍世人為目的。此外，我們若要在基督裡成長，我們便要把自己奉獻給祂，並與信徒相交。教會就是基督的身體！假如你活在基督裡，你便會知道生活在祂的身體裡——過教會的生活，是何等的重要！

五·向世人作見證

向世人作見證是活在基督裡的另一個表現，也是跟從主、作主門徒的另一個條件。見證的意思，就是向人分享基督，以及分享你與祂的關係。(在十架左邊的木條上，寫上「見證」二字和約15：8。)若你活在基督裡，你便必然能結出果子來。果子可以是聖靈的果子，也可以是福音的果子。據加拉太書5：22-23所說，聖靈的果子是：仁愛、喜樂、和平、忍耐、恩慈、良善、信實、溫柔、節制。然而，果子並不會在一瞬間便結出來，它需要一段生長的時間，才能結出飽滿的子粒來。總言之，當你以基督為你生命的中心時，結果子便是正常的、自然的反應。

耶穌說：表明我們是祂門徒的方法，就是結出許多的果子來，而為主作見證就是其中一種果子。見證是活在基督裡的一種自然表現。如果你常與主在一起，天天活在神的話中，以信心禱告，又與神的子民相交，你便必然會樂意與人分享住在你裡面的基督。

路9：23
捨己
十字架
跟從

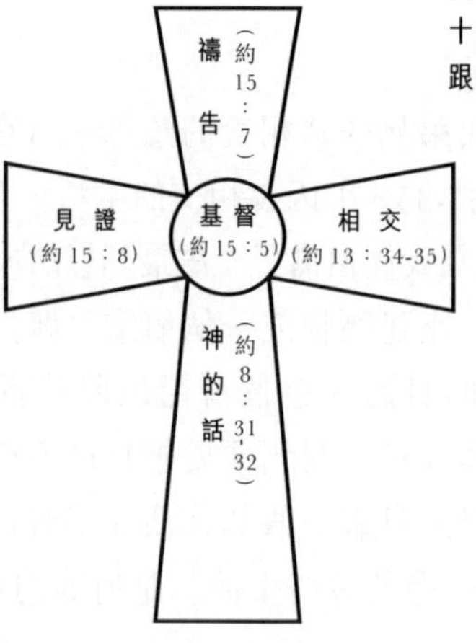

六·彼此服侍

正如活在基督裡便能結出聖靈的果子來一樣，透過同心的事奉，我們便能彼此服侍。事實上，背起十字架彼此服侍正是作門徒的另一項必要的操練。而我們在甘心樂意背起十架的同時，也必須以別人的得救為念。

十架中心的圓圈只是我們屬靈生命的起點，我們的生命應該在這基礎上，繼續生長和發展（繞著圓圈中心往外畫出螺旋式的虛線）。

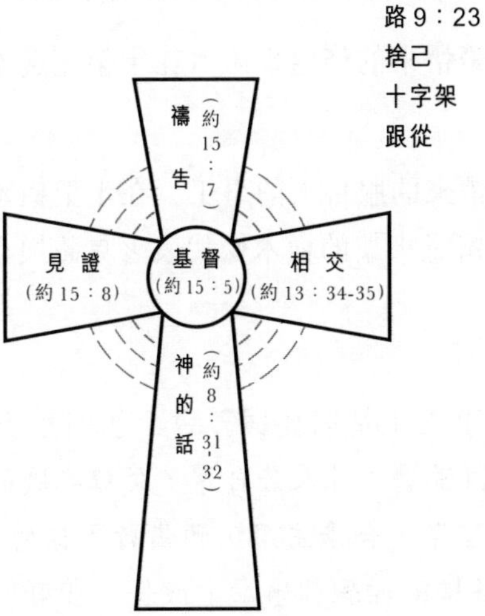

當你在基督裡不斷的成長，便必然會透過各種各樣的事工來服侍他人（在十架四條木條的末端加上箭頭）。這些箭頭表示你要通過事奉來顯明自己在基督裡的成長。

活在主的話語中帶來的教導／講道事工。（在十架底部木條之下寫上教導／講道）

信心的禱告帶來的敬拜／代禱事工（在十架頂部木條之上寫上敬拜／代禱）。

信徒相交帶來的牧養事工（在十架右邊木條之外寫上牧養）。

向世人作見證帶來的佈道事工（在十架左邊木條之外寫上佈道）。

見證與相交帶來的服侍人的事工（在十架橫木之上寫上服侍和約15：13。）留意十架的橫木條代表著見證與事奉，是你與別人關係的象徵。

這五方面的事工正是門徒與教會工作的重心，正如聖經所說，門徒訓練的目標是：「人若自潔，脫離卑賤的事，就必作貴重的器皿，成為聖潔，合乎主用，預備行各樣的善事。」（提後2：21）你要在各樣的操練和事奉上成長，並好好管理自己的生命，因為這樣，你才能被主所用。若你能在以上各方面好好的操練自己，你便能擁有均衡和結果纍纍的屬靈生命。

（在你講解下列內容時，先把號碼和號碼後面首個字寫在紙張的左上角。）在講解下列內容時，你必須已經得著：

一位生命的主。

兩種關係：縱向的神與人關係，橫向的人與人關係。

三個行動：捨己，背起十字架，跟從基督；

四種讓你以主為中心的能力：神的話、禱告、相交和見證。

五項事工（從四種能力而來）：教導／講道，敬拜／代禱，牧養，佈道，和服侍人。

六項作門徒的操練：與主同在、活在主的話語中、信心禱告、信徒相交、向世人作見證、彼此服侍。

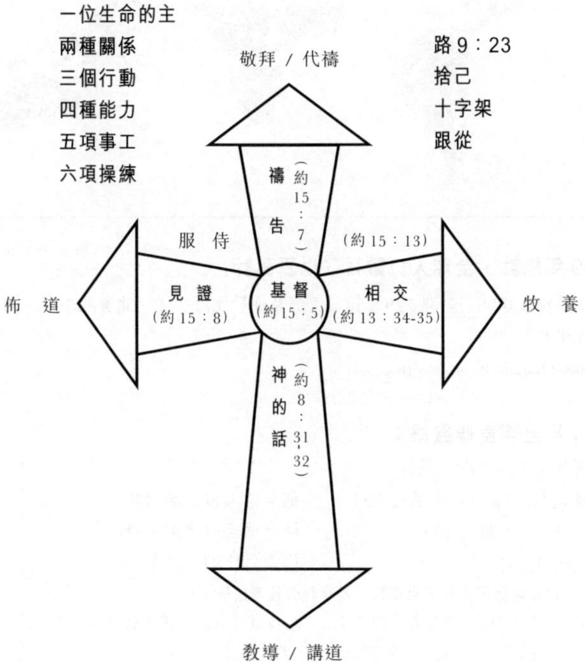

若你能在這幾方面多加操練，便不單可以住在基督裡，也可以更多的事奉主。

放眼世界地圖

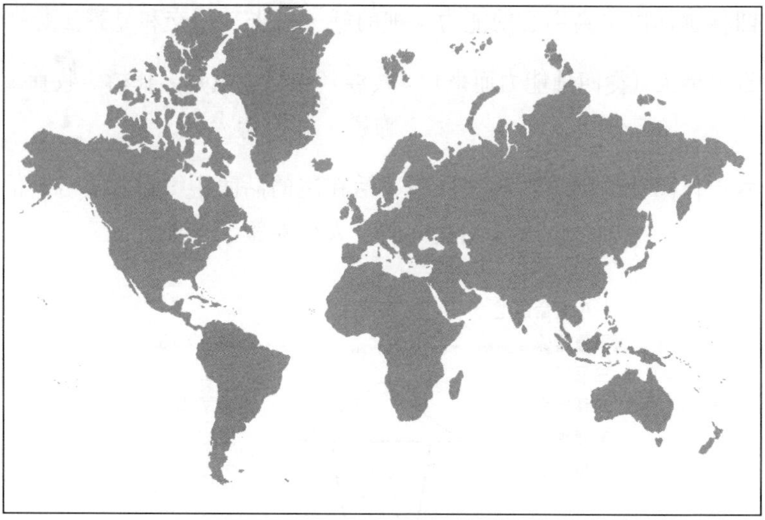

根據1999年統計，全球人口數目（以百萬計）：

非洲767　亞洲3,634　歐洲729　拉丁美洲及加勒比海511　北美洲307　大洋洲30
全球合共5,978

資料來源：United Nations Population Division

根據2001年全球差傳數據：

全球人口總和 6,128（以百萬計）

基督徒（廣義的）（註1）人數 2,024　　佔全球人口比例 33%

非基督徒（註2）人數 4,103　　佔全球人口比例 67%

福音未及之民 1,637　　佔人口比例 26.7%

（註1：廣義基督徒包括天主教、東正教、基督教旁枝等信徒。）

（註2：包括回教徒 1,213、無宗教信仰者 774、印度教徒 824、佛教徒 364、無神論者 150、新宗教信徒 103、部落宗教信徒 231、錫克教徒 24、猶太教徒 15。）

資料來源："Status of Global Mission, 2000, in Context of 20th and 21st Century," International Bulletin of Missionary Research, January 2001, p.25.

世界各洲基督徒分佈情況（以百萬計）：

非洲 344　亞洲314　歐洲 537　拉丁美洲 483　北美洲 214　大洋洲　22

禱告簿

事項　　　　日期	聖經應許	應允　　　　日期

時間分配表

星期＿＿＿＿　　日期＿＿＿＿＿＿＿＿＿＿＿＿＿＿＿＿

優先事項　　　　　　　　　　　　　　　　　　　分　鐘

本週與主同行的立志：

＿＿＿＿　＿＿＿＿＿＿＿＿＿＿＿＿＿＿＿＿＿＿＿＿　＿＿＿＿

＿＿＿＿　＿＿＿＿＿＿＿＿＿＿＿＿＿＿＿＿＿＿＿＿　＿＿＿＿

＿＿＿＿　＿＿＿＿＿＿＿＿＿＿＿＿＿＿＿＿＿＿＿＿　＿＿＿＿

計劃：

＿＿＿＿　＿＿＿＿＿＿＿＿＿＿＿＿＿＿＿＿＿＿＿＿　＿＿＿＿

＿＿＿＿　＿＿＿＿＿＿＿＿＿＿＿＿＿＿＿＿＿＿＿＿　＿＿＿＿

＿＿＿＿　＿＿＿＿＿＿＿＿＿＿＿＿＿＿＿＿＿＿＿＿　＿＿＿＿

工作：

＿＿＿＿　＿＿＿＿＿＿＿＿＿＿＿＿＿＿＿＿＿＿＿＿　＿＿＿＿

＿＿＿＿　＿＿＿＿＿＿＿＿＿＿＿＿＿＿＿＿＿＿＿＿　＿＿＿＿

＿＿＿＿　＿＿＿＿＿＿＿＿＿＿＿＿＿＿＿＿＿＿＿＿　＿＿＿＿

電話（人物、事情、號碼）

＿＿＿＿　＿＿＿＿＿＿＿＿＿＿＿＿＿＿＿＿＿＿＿＿　＿＿＿＿

＿＿＿＿　＿＿＿＿＿＿＿＿＿＿＿＿＿＿＿＿＿＿＿＿　＿＿＿＿

＿＿＿＿　＿＿＿＿＿＿＿＿＿＿＿＿＿＿＿＿＿＿＿＿　＿＿＿＿

門徒生活評估表

「門徒生活評估」乃測試個人、小組或教會門訓課程是否成功的方法。通過本表格，信徒可藉新約所提及的態度、行為、人際關係、事奉和教義等三十多種門徒特徵，來評估自己的門徒表現。

請依照下列指示進行評估：

- 誠實作答。所選答案以最能反映你的實際生活為準，而不是你心目中的生活。
- 每題只能選一個答案。
- 答案的種類會按問題的性質而改變。
- 不要浪費太多時間在一條題目上。

至於評分的方法，將於隨後舉行的「門徒成長研習坊」中告訴你。

下列句子所描述的，是否你常做的事情？試根據你的實際狀況來選擇答案。

1 = 從未　2 = 很少　3 = 有時　4 = 常常　5 = 幾乎都是

1. 我努力按著聖經的道德和倫理標準而生活。1　2　3　4　5
2. 讀經和研經明顯地改變了我的生活方式。1　2　3　4　5
3. 信仰塑造了我每日的思想和行為。1　2　3　4　5
4. 我把自己相信了耶穌基督為個人救主的事告訴了別人。
   1　2　3　4　5

5. 我努力禱告和默想。1　2　3　4　5

6. 因為神饒恕了我，所以我也要饒恕別人。1　2　3　4　5

7. 在每天與人的交往中，我都會找機會論述耶穌基督的事。
1　2　3　4　5

8. 鄰居和同事都知道我是基督徒。1　2　3　4　5

9. 我會關心和愛護別人。1　2　3　4　5

10. 當我知道自己有違聖經的教訓時，就會立即改正過來。
1　2　3　4　5

11. 當我有需要和有困難時，會祈求神的幫助。1　2　3　4　5

12. 我會與基督徒朋友分享個人的感受和需要。1　2　3　4　5

13. 我會因不公平的對待而發怨言。1　2　3　4　5

14. 我常常讀經和研經。1　2　3　4　5

15. 我喜歡與人一起敬拜和禱告。1　2　3　4　5

16. 我會運用恩賜與才幹去服侍他人。1　2　3　4　5

17. 當我知道自己得罪了人，就會向他認錯並改過自己的不是。
1　2　3　4　5

18. 我會為不信主的朋友禱告，祈求他們得著救恩。
1　2　3　4　5

19. 我會盡力排除一切阻礙我向朋友傳福音的障礙與困難。
1　2　3　4　5

20. 我自覺不夠資格幫助人。1　2　3　4　5

下列句子所描述的，是否你常做的事？試根據你的實際狀況來選擇答案。

1 = 很少、甚至沒有　2 = 約一月一次　3 = 約一週一次
4 = 一週數次　5 = 一日一次或多次

21. 除了在教會以外，我還會在其他場合與信徒一起禱告。
1　2　3　4　5

22. 除了主日學外，我還參加查經小組。1　2　3　4　5

23. 除了禱告聚會和謝飯外，我還有其他禱告和默想的時間。
1　2　3　4　5

24. 我會背誦多段或多節經文。1　2　3　4　5

25. 我會自己研讀聖經。1　2　3　4　5

26. 我會特別為宣教事工和宣教士禱告。1　2　3　4　5

下列的情況，你同意多少？不同意多少？請選擇答案：

1 = 絕對不同意　2 = 傾向不同意　3 = 不肯定
4 = 傾向同意　5 = 絕對同意

27. 跟非基督徒分享福音是我個人的責任。1　2　3　4　5

28. 一次得救，永遠得救。1　2　3　4　5

29. 我時常接受基督徒具建設性的批評和糾正。1　2　3　4　5

30. 我相信聖靈在我生命中動工。1　2　3　4　5

31. 只要真誠的尋求神，除了基督教以外，人還能靠其他的宗教獲得永生。1　2　3　4　5

32. 不靠著佈道單張，我也懂得如何向人傳講福音　。
1　2　3　4　5

33. 基督徒應過互相督責的生活。1　2　3　4　5

34. 基督徒應時常用不同的方法向人講論耶穌。1　2　3　4　5

35. 救恩只能靠接受耶穌而得。1　2　3　4　5

36. 作為信徒，我的生活方式與人無關。1　2　3　4　5

37. 人在接受耶穌為救主時，聖靈就進入他裡面。1　2　3　4　5

38. 地獄是一個真實存在的地方。1　2　3　4　5

39. 我認為我有責任去幫助貧窮和飢餓的人。1　2　3　4　5

40. 聖靈內住的經歷與悔改的經歷是有分別的。1　2　3　4　5

在上一個月，你花了多少時間為教會、機構、或你自己做過下列的事？(請勿把受薪的工作時間計算在內)試根據你的實際狀況來選擇答案：

1 = 0 小時　　2 = 1-2 小時　　3 = 3-5 小時
4 = 6-9 小時　　5 = 10 小時或以上

41. 獻出時間幫助貧窮的、饑餓的、患病的、需要人照顧的人(家人不算)。1　2　3　4　5

42. 探訪教會的來賓。1　2　3　4　5

43. 幫助朋友、鄰居解決問題。1 2 3 4 5

44. 參與差傳的事奉(如:教導差傳、為差傳募捐、差傳義工等)。
1 2 3 4 5

45. 探訪醫院病人。1 2 3 4 5

46. 自願在教會中作教導和帶領的工作,並在教會不同的部門中事奉,或參與教會不同的計劃和事工。1 2 3 4 5

47. 探訪基督徒朋友的家庭(以對方家庭為對象)。1 2 3 4 5

48. 探訪信徒(以對方個人為對象)。1 2 3 4 5

你認為下列的情況有多少是真實的?試根據你的實際狀況來選擇答案:

1 = 絕對錯　　2 = 有點錯　　3 = 不肯定
4 = 大半真　　5 = 絕對真

49. 我會用真誠、坦率和樂意回應的態度來與教會內的導師相處。
1 2 3 4 5

50. 我會隨時接納和饒恕冒犯我的人。1 2 3 4 5

51. 我看自己為神所愛、所寶貴的人。1 2 3 4 5

52. 就算在困境中,我仍真心的讚美感謝神。1 2 3 4 5

53. 我會避免跟一些阻礙我表達基督徒價值觀及原則的人有密切關係。1 2 3 4 5

54. 我清楚知道神把我放在這世界中,目的是要我完成祂的計劃和旨意。1 2 3 4 5

55. 我承認我一切所有的都屬於神。1 2 3 4 5

56. 我的生活充滿緊張和焦慮。1 2 3 4 5

57. 我信神常常供給我生活的基本需要。1 2 3 4 5

58. 我有不想讓人知道我是基督徒的時候。1 2 3 4 5

59. 我會避開一些引誘我作不道德行為的場合。1 2 3 4 5

60. 我正在處於不能饒恕他人的掙扎中。1 2 3 4 5

61. 我在教會其他人面前感到自卑。1 2 3 4 5

62. 我會先尋求神，然後再安排自己的優先次序。1 2 3 4 5

63. 雖然在困境中，但我仍能相信神的慈愛和供給。
1 2 3 4 5

64. 縱然傷害我的人不說一句道歉的話，我仍然會饒恕他們。
1 2 3 4 5

65. 作基督徒是私人的事，毋須與人討論。1 2 3 4 5

去年，你把月薪的多少奉獻給下列的機構？試根據你的實際狀況來選擇答案。

1 = 0%　　2 = 1-2%　　3 = 3-5%
4 = 6-9%　　5 = 10% 或以上

66. 自己教會。1 2 3 4 5

67. 其他基督教的機構。1 2 3 4 5

68. 慈善或社會服務組織。1 2 3 4 5

69. 海外差傳事工（由自己教會或宗派推動的）。
1 2 3 4 5

試為下列的問題選擇答案：

1 = 沒有　2 = 很少　3 = 幾個
4 = 大多數　5 = 全部

70. 你身邊有多少位朋友是未信主的。1 2 3 4 5

去年，你作過多少遍下列的事？試選出正確的答案：

1 = 沒有　2 = 一次　3 = 2-5 次
4 = 6-9 次　5 = 10 次或以上

71. 我清楚知道神與我同在。1 2 3 4 5

72. 與人分享作信徒的要訣。1 2 3 4 5

73. 邀請未曾到過教會的人參加聚會、查經小組、或佈道會。
1 2 3 4 5

74. 經歷聖靈所給的悟性、指引、並在聖靈感動下悔罪。
1 2 3 4 5

75. 聯繫初信者，幫助他們成長。1 2 3 4 5

76. 向人述說神在我生命中的工作。1 2 3 4 5

77. 幫助他人禱告接受基督。1 2 3 4 5

78. 送給未信者福音單張或書籍。1 2 3 4 5

你對下列事件是否同意？試根據你的實際狀況來選擇答案：

1 = 十分不同意　　2 = 不同意　　3 = 不清楚

4 = 同意　　5 = 十分同意

79. 服務人群是信徒一項非常重要的責任。1 2 3 4 5

80. 我現在怎樣運用時間、金錢和才幹，將來都要向神負責。
1 2 3 4 5

81. 凡基督徒都要遵從聖經的教訓。1 2 3 4 5

82. 聖經是我每天生活的指引，我可以從中找到智慧。
1 2 3 4 5

83. 基督徒必須學習捨己，並更多的事奉基督。1 2 3 4 5

84. 我有不接受自己的時候。1 2 3 4 5

85. 我知道我有甚麼的屬靈恩賜。1 2 3 4 5

86. 不信的人死後會到地獄裡去。1 2 3 4 5

87. 聖經的教訓對現代基督徒同樣有約束力。1 2 3 4 5

88. 信徒可從教會的事奉中，得到屬靈的益處。1 2 3 4 5

89. 無論我的處境如何，我信神必信守祂的應許。1 2 3 4 5

90. 沒有耶穌的死，救恩就不能成就。1 2 3 4 5

91. 聖經是神的啟示，是全然可信的。1 2 3 4 5

你認為自己在下列各方面的訓練是否足夠？試根據你的實際狀況來選擇答案：

1 = 完全沒有　　2 = 一點點的　　3 = 一般的
4 = 足夠的　　　5 = 優良的

92. 向人述說救恩。1　2　3　4　5

93. 個人栽培，或幫助初信者在屬靈上成長。1　2　3　4　5

94. 帶領人禱告接受基督。1　2　3　4　5

95. 探訪慕道者。1　2　3　4　5

96. 帶領查經小組。1　2　3　4　5

97. 與人分享自己的得救見證。1　2　3　4　5

下列各項中，哪些是你在過去兩三年內常做的事？試根據你的實際狀況來選擇答案：

1 = 從不　　2 = 幾次　　3 = 每月　　4 = 每週　　5 = 每日

98. 讀經。1　2　3　4　5

99. 實踐聖經的教訓。1　2　3　4　5

100. 禱告。1　2　3　4　5

101. 幫助區內有需要的人。1　2　3　4　5

102. 研讀基督教的信仰。1　2　3　4　5

103. 參加教會以外的查經、聚會和小組活動。1　2　3　4　5

104. 當聖經指出我在生活某方面不正確時，我會加以改正。
1　2　3　4　5

105. 與人分享聖經的心得、見解、原則和指引。1　2　3　4　5

106. 經歷教會人士的關懷、愛護與支持。1　2　3　4　5

107. 鼓勵別人相信耶穌。1　2　3　4　5

108. 樂意付出時間跟未信主的人建立友誼。1　2　3　4　5

你認為下面的說法是否真實？試根據你的實際狀況來選擇答案。

1 = 不真實的　　2 = 很少真實　　3 = 有時真實

4 = 時常真實　　5 = 都是真實

109. 在我與別人交往的過程中，神一直保守著我。1　2　3　4　5

110. 我以純正、聖潔的態度對待異性。1　2　3　4　5

111. 當我知道自己犯了罪，就會向神認罪。1　2　3　4　5

112. 我藉著禱告尋求神在我生命中的旨意。1　2　3　4　5

113. 我常常饒恕別人，因為我知道神已經饒恕了我。
1　2　3　4　5

114. 我樂意幫助別人解決他們在信仰上的問題和掙扎。
1　2　3　4　5

115. 我已從信仰和聖經中，學會了為他人的好處而犧牲自己。
1　2　3　4　5

116. 我會與相熟的人分享我的過錯和軟弱。1　2　3　4　5

117. 無論是在獨處或是在公眾場合，我都表裡如一。
1　2　3　4　5

118. 當我知道神對我的旨意時，我便會勇敢地跟隨。
1　2　3　4　5

119. 我會揀選神的道路，而不揀選自己的道路。1 2 3 4 5

120. 我以真誠待人。1 2 3 4 5

121. 我經常為教會的事工禱告。1 2 3 4 5

你是否經常參加下列的活動？請選擇答案。

1 = 從不　2 = 幾次　3 = 每月一次
4 = 每週一次　5 = 每週多次

122. 主日崇拜。1 2 3 4 5

123. 主日學。1 2 3 4 5

124. 主日學以外的研經聚會。1 2 3 4 5

125. 禱告小組或禱告會。1 2 3 4 5

你是否同意下列的句子？試根據你的實際狀況來選擇答案：

1 = 絕對不同意　2 = 傾向不同意　3 = 不肯定
4 = 傾向同意　5 = 絕對同意

126. 在以地方教會為主導的城市中，神會透過信徒來成就祂的計劃。1 2 3 4 5

127. 地方教會是神用來栽培信徒的工具與環境。1 2 3 4 5

128. 初信者在加入地方教會並成為會友之先，必須接受浸禮。1 2 3 4 5

129. 浸禮與主餐禮是地方教會的兩個重要禮儀，不可以在教會以外的地方舉行。1 2 3 4 5

130. 亞當的墮落，令每個人都有了罪性，與神隔絕。因此，每個人都需要救主。1 2 3 4 5

131. 以耶穌基督為首的每個地方教會都是自主的，他們可與其他教會合作，向世人宣揚福音。1 2 3 4 5

132. 獨一無二而有位格的真神只有一位，按祂給人的啟示，祂就是聖父、聖子與聖靈三位一體的神。1 2 3 4 5

133. 基督要再來接祂的信徒 —— 還活著的或已睡了的 —— 到祂那裡去，然後再完結這個世界。1 2 3 4 5

134. 耶穌基督是神的兒子，祂為世人的罪死在十架上，並且從死裡復活。1 2 3 4 5

135. 耶穌基督在世上時，是完全的神，也是完全的人。
1 2 3 4 5

136. 你最好的三、四位朋友是否虔誠的信徒？1 2 3

1 = 不很虔誠　2 = 一點點虔誠　3 = 很虔誠

137. 你有多少位承認自己是基督徒的好朋友？1 2 3 4 5

1 = 沒有　2 = 很少　3 = 幾位
4 = 大多數　5 = 全部

138. 你的性別是：　男　女

139. 你的年齡是：1 2 3 4 5 6

1 = 18-22　2 = 23-30　3 = 31-40
4 = 41-50　5 = 51-60　6 = 61 或以上

140. 你是否活躍的信徒？1 2 3 4 5

1 = 從不　2 = 短時期　3 = 半生

4 = 大半生　5 = 一生

141. 你作了基督徒多少年？1 2 3 4 5 6

1 = 不到一年　2 = 1-3 年　3 = 4-5 年

4 = 6-10 年　5 = 11-20 年　6 = 20 年以上

142. 無論我搬到那裡，我都會加入當地教會，並成為會友。

1 2 3 4 5

1 = 非必要的　2 = 有一點意義　3 = 有意義

4 = 有重大意義　5 = 必要的

143. 你曾經參加過「門訓」嗎？（有組織的每週門訓小組）

有　沒有

若有的話，是哪一個門訓課程？

144. 「塑造主生命」（MasterLife）　是　否

145. 「導航會」（Navigators）　是　否

146. 「存活寶鑑」（Survival Kit）　是　否

147. 「三福」（Evangelism Explosion）　是　否

148. 「持續個人佈道法」（Continuous Witness Training）　是　否

其他：________________________

149. 你參加了這個門訓課程多久？ 1 2 3 4 5

1 = 0-5 星期　　2 = 6-10 星期　　3 = 11-15 星期

4 = 16-25 星期　　5 = 25 星期以上

150. 你參加門訓的日期是：

自 ________________ 至 ____________________。

151. 這個門訓是否由你的教會所主辦？是　　否

如果不是，那是由甚麼組織或機構所主辦的？

____

152. 你接受過一對一的門徒訓練嗎？有　　沒有

信徒培訓材料推介 ——「不再一樣」系列

不再一樣 —— 改變生命的操練

作者：亨利．布克比

本書能幫助你學習聆聽神的聲音——祂會藉著話語、禱告、人和事向你啟示祂的計劃。藉此，你可與神同工，更深入地經歷祂的恩典和信實。你的生命將會改變，與以前不再一樣。

不再一樣的奮興

作者：布克比、金科德

本書內容透過「復興與靈性覺醒七個實況」，幫助熱熾追求靈命復興的信徒重整生命方向，撇掉纏累生命的惡習，是一本建立及復興靈命的佳作。

不再一樣的工作間

作者：駱邁克、金科德

透過六個研習單元，本書讓你明白神把工作交給你，不是只為了讓你賺取今生的財寶，而是要讓你的工作間成為你的禾場。你將學習到如何與神同工，在你的工作間傳揚福音。

不再一樣 —— 神在説話

作者：亨利．布克比、李察．布克比

這是《不再一樣》研讀本的濃縮版，適合小組培訓或個人學習使用。六週的精簡課程提供了《不再一樣》的精粹。幫助信徒學習聆聽神的話語。

＊各大基督教書室有售　＊查詢訂購（852）2336 0161　http://www.bappress.org